聖經人物

我們既有這許多的見證人，如同雲彩圍著我們，就當放下各樣的重擔，脫去容易纏累我們的罪，存心忍耐，奔那擺在我們前頭的路程。

《希伯來書》第十二章1節

MEN OF THE BIBLE

Therefore, seeing we also are compassed about with so great a cloud of witnesses, leaving behind all the weight of the sin which surrounds us, let us run with patience the race that is set before us
– Hebrews 12:1

UPDATED EDITION

Dwight L. Moody

聖經人物

我們既有這許多的見證人，如同雲彩圍著我們，就當放下各樣的重擔，脫去容易纏累我們的罪，存心忍耐，奔那擺在我們前頭的路程。

《希伯來書》第十二章1節

作者：慕迪（美）
譯者：呂平

ANEKO PRESS

聖經人物 (Men of the Bible)

如無特別註明，中文聖經均為和合本現代標點版
Translator: Ping Lue

Aneko Press
www.anekopress.com
Aneko Press, Life Sentence Publishing, and our logos are trademarks of
Life Sentence Publishing, Inc.
203 E. Birch Street
P.O. Box 652
Abbotsford, WI 54405
RELIGION / Christian Living / Spiritual Growth
Paperback ISBN: 978-1-62245-916-2
eBook ISBN: 978-1-62245-917-9
10 9 8 7 6 5 4 3 2 1
Available where books are sold

目錄

第一章

亞伯拉罕

信心與順服

眾多的人對神的旨意心懷恐懼。但是，作為基督徒，我們可以學到的最甜蜜的功課之一，就是要把我們的意志交給神，讓祂來計劃和掌管我們的人生。假如我知道自己的意念，並且可以計劃我的人生，我會怎麼做？如果一個天使從神的寶座前來告訴我，除非我能讓自己的意念在我有生之年天天得以成就，並且我所希望的一切都會實現，否則的話，我要把一切交給神，讓神的旨意成就在我身上並通過我來完成，我會怎麼做？我斷定須臾之間，我會說：「讓神的旨意成就吧。」

我無法預測未來。我不知道明天會發生什麼。事實上，我甚至不知道，今天夜幕降臨之前將會發生什麼。所以，讓神為我選擇遠勝過我自己的選擇。最好是將我的意志降服於神的旨意。

亞伯拉罕學會了這門功課。他在他生命的四個方面降服於神，而這四個降服為我們了解他的生命提供了一把好鑰匙。

亞伯拉罕的首次降服

起初，當亞伯拉罕蒙召放棄他的本族本國出去時，他不知道要往何處去。

當眾人忙於建造巴比倫時，神把亞伯拉罕從迦勒底國中召來。當時，亞伯拉罕住在幼發拉底河口附近，也許距巴比倫以南三百英里。當神呼召亞伯拉罕進入他從未聽說過的土地以前，神告訴他將擁有那片土地。

《創世記》第十二章，我們讀到神對亞伯蘭的應許（譯者：亞伯蘭是亞伯拉罕的原名，《創世記》十七章神改亞伯蘭的名為亞伯拉罕）：

> *耶和華對亞伯蘭說：「你要離開本地、本族、父家，往我所要指示你的地去。我必叫你成為大國，我必賜福給你，叫你的名為大，你也要叫別人得福。為你祝福的，我必賜福於他；那咒詛你的，我必咒詛他。地上的萬族都要因你得福。」亞伯蘭就照著耶和華的吩咐去了，羅得也和他同去。亞伯蘭出哈蘭的時候年七十五歲。*
>
> （創 12：1-4）

在此次出行的幾年前，神就曾告訴亞伯蘭離開迦勒底的吾珥。[1] 然而，亞伯蘭卻去了哈蘭。哈蘭大約在幼發拉底河谷和約旦河谷的中間。神呼召他進入迦南地，他則中途就在哈蘭住下。我們不確切他在那裡住了多久，也許有五年左右的光景。

我認為，很多基督徒就是我們所說的哈蘭基督徒。他們去了哈蘭，就滯留在那裡。他們只有一半服從。他們並不完全順服。神是怎麼把亞伯蘭從哈蘭救出來？亞伯蘭的父親去世了。第一個呼召是離開迦勒底的吾珥，進入迦南地，但他們沒有一路堅持，而是半路停了下來。是苦難迫使亞伯蘭出了哈蘭。[2] 我們許多人給自己帶來苦難，因為我們沒有完全為主而活。我們並不總是完全順服祂。神有計劃要通過亞伯蘭完成，但只要他人在哈蘭，他就無法完成。苦難來了，然後我們發現他離開了哈蘭，開始前往應許之地。

至於羅得，此處只有一個詞：羅得也和他同去。也許可以這麼說，這就是有關羅得生命的鑰字。羅得的性格比亞伯蘭懦弱，就只好跟著亞伯蘭，他的叔叔。

1　原編者註：有人認為亞伯蘭的父親他拉也接到神的呼召，這就是為什麼《創世記》十一章31節說他拉帶了亞伯蘭出吾珥。其他人則認為他拉沒有得到呼召，只是帶了他的家人向北到了哈蘭。然而，聖經沒有證實任何這些假設。聖經反复說神從吾珥呼召亞伯蘭。注意《創世記》十五章7節和《尼希米記》九章7節。《使徒行傳》七章2-4節還特別證實了神呼召亞伯蘭出吾珥的時間。很可能，當亞伯蘭順服神離開吾珥時，作為一家之主的他拉也跟著去了。《創世記》十二章1-4節以動詞「已經」的過去式開頭，所以這個呼召可能發生在《創世記》十一章31節之前。

2　原編者註：儘管作者說苦難「驅使」亞伯蘭離開在哈蘭，他拉可能仍然拜偶像（書 24：2）。所以，神不能讓他進入應許之地，因此，祂讓亞伯蘭留在哈蘭直到父親去世。然後，亞伯蘭就自由了，可以前往迦南。如果是這樣，亞伯蘭在哈蘭度過的時間不是不順服，甚至可能是完全順服。聖經沒有說亞伯蘭留在哈蘭，違背了神的旨意。無論亞伯蘭是否遭受折磨，不能否定神使用這些艱難來促使我們前進，正如《雅各書》一章1-13節中所說的那樣。

當他們到達神應許賜給的那塊土地時，亞伯蘭發現，那裡已經住滿了好戰的民族——不是只有一個民族，而是很多的民族。[3] 他，一個在這片土地上孤零零的人，能做什麼？他的信心受到考驗：不僅發現這片土地上居住著強悍敵對的民族，而且，他剛到不久，就發生了大饑荒。

毫無疑問，亞伯蘭心裡發生了很大的衝突，他也許自言自語：「這到底是什麼意思？ 我來到這裡，距離我自己的家鄉一千三百英里，周圍都是好戰的民族。不僅如此，飢荒也來了，看來我必須離開這塊土地。」

我不相信是神派亞伯蘭下到埃及。我認為神只是在試練他，使他在黑暗和困苦中更親近神。我相信，很多時候，神允許苦難和悲哀落到我們身上，這樣，才使我們能以見到神的臉——迫使我們相信，除祂之外，別無依靠。

亞伯拉罕的第二次降服

亞伯蘭變得非常富有，但我們沒有聽說他離開迦南之後建立任何祭壇；事實上，我們聽說在哈蘭他沒有祭壇，在埃及也沒有祭壇。當他帶著羅得離開埃及時，有了很多財產。他們的財富增加了，畜群也增加了，一直到牧民之間發生了衝突。

此時，亞伯蘭的秉性再次光耀。他本可以說，他有權享受最好的。原因是他年長，若不是他的幫助，羅得恐怕沒有多少錢。然而，他不是理直氣壯地維護自己的權利，來

3　原註：《創世記》十二章6節說迦南人（Canaanite）當時居住在這地，而迦南人通常是所有居住在這片土地上的民族的統稱。

選擇最好的土地，他反而放棄權利對他侄子說：「你選擇吧。如果你要右手邊的，我就拿左手邊；如果你更喜歡左邊的，那我就往右走。」

這恰恰是羅得犯錯的地方。日光之下，若有人需要亞伯蘭的忠告，祈禱和影響，那就非羅得不可。他的周圍，本應當是亞伯蘭和他的朋友們。羅得是屬那些性格軟弱者，常常需要扶持；但是，他貪婪的眼睛盯著那約旦河谷水源充足的平原——直到所多瑪，結果，他選擇了這些。他易受眼目的支配。他憑眼見而不憑信心而行。

我認為，這也是許多基督徒犯錯誤的地方——憑眼見而不是憑信心行事。假定羅得停下來思考一下，他也許會意識到，對他和他的家人來說，去到所多瑪附近的任何地方，都將是災難性的。亞伯蘭和羅得肯定知道平原上那些邪惡的市鎮。儘管他們很富有，儘管那裡有賺錢的機會，羅得應該讓家人遠離那個邪惡的城市。遺憾的是，他把目光落在那水源豐富的平原上，於是，他打起帳篷前往所多瑪，與亞伯蘭分了手。

請注意，當亞伯蘭讓羅得先有他的選擇，羅得離開亞伯蘭前去平原後，神第一次能和亞伯蘭獨處一起。亞伯蘭的父親死在哈蘭，他的兄弟拿鶴則留在了那裡。如今，羅得離開之後，亞伯蘭來到希伯倫（譯者：英文原文為Haran，哈蘭，疑為排印有誤）為主築了一座祭壇，希伯倫（Hebron）的意思是「交通」。正是在這裡，神來到亞伯蘭面前說：

羅得離別亞伯蘭以後，耶和華對亞伯蘭說：「從你所在的地方，你舉目向東西南北觀看，凡你所看見的一切地，我都要賜給你和你的後裔，直到永遠。我也要使你的後裔如同地上的塵沙那樣多，人若能數算地上的塵沙，才能數算你的後裔。你起來，縱橫走遍這地，因為我必把這地賜給你。」亞伯蘭就搬了帳篷，來到希伯崙幔利的橡樹那里居住，在那里為耶和華築了一座壇。

令人驚嘆的，是你憑肉眼，就能在那個國家遠眺到極遠處。神帶領摩西上庇斯迦山，指給他看應許之地。幾年前 ，我人在以色列之地，發現從橄欖山上，我可以俯瞰地中海。我可以清晰深入地看見約旦河谷，看到死海。在沙崙平原上，我可以遙望黎巴嫩山和黑門山，遠在拿撒勒城之外。光憑肉眼，你幾乎可以看到東南西北，整個以色列。

因此，神對亞伯蘭說，朝著北方，凡他舉目所見之處，他都可以擁有，然後朝著南方，遙望那羅得夢寐以求、水源充足的平原，再向東西望去，從大海直到幼發拉底河。之後，不帶任何條件，神賜予祂的朋友亞伯蘭，對這整片土地的所有權。神說：「我將把這一切都賜給你。」

羅得自己選擇他能得到的一切，但實際並不多。亞伯蘭讓神為他選擇，神就賜給他所有的土地。羅得的選擇沒有保障，很快，他就失去了所有。亞伯蘭的土地的所有權不容爭辯，因得到神，那給予者的維護。

你知道嗎，以色列的子民沒有足夠的信心去佔領所有的土地，遠至幼發拉底河？如果他們有信心的話，尼布甲尼撒也許就不會前來將他們擄去做奴。不管如何，那是神的賜給；*耶和華與亞伯蘭立約，說：「我已賜給你的後裔，從埃及河直到伯拉大河之地」*（創 15：18）。

從那時起，神就擴張亞伯蘭的帳幕之地。祂加添了祂的應許；祂賜給亞伯蘭的好處，比在幼發拉底河谷第一次呼召他出來的時候所承諾的，要多得多。非常有意思看到神為了祂朋友亞伯蘭的益處，如何不斷地增加應許。

現在，讓我們看看羅得，看看從他自己的選擇得到了什麼。我相信，我們今天，凡每一個亞伯蘭就有五千個羅得。人們常常是以眼見行事，被人的慾望和世界所誘惑。人們急於讓他們的兒子們獲得有利可圖的職位，儘管這可能對他們的性格造成災難性的影響。在道德和敬虔以及各個方面毀掉他們。他們被這個世界的 色彩斑斕所吸引。有人曾說亞伯蘭是個有遠見的人，而羅得則是個目光短淺的人，因此，羅得的眼光立刻就落在他身邊的土地上。有一件事我們非常確定——他是如此的短視，以致很快就喪失了所有。我們發現，那些擇以捷徑的人，往往不得其所。

我毫不懷疑，所多瑪人會告訴羅得，說他比他叔叔亞伯蘭更精明，如果他再多活二十五年，他將是兩者中更富有的。他們可能跟他說，到了所多瑪，他可以賣掉他的牛、羊和山羊，以及所有他擁有的東西，賺到大筆的錢。比起瑪姆雷平原的亞伯蘭，他成交所得的利潤一定更豐。

有那麼一陣子，羅得也許很快就賺了錢，並且成為一個非常成功的人。倘若我們在所多瑪毀滅前不久進來這裡，我們也許發現羅得佔有鎮上最好的街角地段，羅得夫人也混入所謂的邦頓（Bon-ton）社會——精英和高級階層的人。我們會發現，她每周有兩三個晚上上劇院。假如他們也打牌，她可能跟其他人玩得一樣好，她的女兒們可能和其他所多瑪人一樣會跳舞。

我們發現，羅得坐在城門口，春風得意。他很可能是該城市的顯要人物之一；興許是「法官羅得」，或「尊貴的所多瑪大法官羅得」。如果當時有國會，他可能參加了競選國會，或者，他們已選他為所多瑪市長。他如旭日東昇，蒸蒸日上，繁榮昌盛；不幸的是，過不了多久，戰爭就臨到所多瑪人身上。如果你決定在所多瑪生活，當所多瑪的審判到來時，你就必在其中，因為審判必定會來。戰爭轉向那平原上的五座城，他們奪走了羅得、他的妻子，以及他們所有的財物。有個人逃到希伯倫，告訴亞伯蘭發生了什麼事。亞伯蘭就帶著他的僕人——三百十八個——追殺那些得勝的國王。很快，他就把所有擄掠的財物和俘虜奪了回來，包括羅得和他的家人。（參 創 14：1-16）

亞伯拉罕的第三次降服

在亞伯蘭帶著奪回來的財物和俘虜回來的路上，發生了歷史上最神奇的一幕。亞伯蘭遇見了帶著餅和酒的麥基洗德。麥基洗德，至高神的祭司、年邁的和平之君，祝福信心之父亞伯蘭。接著，亞伯蘭遇見了所多瑪國王。國王對亞伯蘭說：「你把錢財拿走，我把人帶走。」（參 創 14：17–21）

亞伯蘭回答說，*凡是你的東西，就是一根線、一根鞋帶，我都不拿，免得你說：『我使亞伯蘭富足。』*（創 14：23）

這會是另一種降服——從所多瑪王手中得到富足的誘惑；但撒冷王麥基洗德已經祝福了他，因此，這個世界沒有什麼東西可以誘惑他。但世界誘惑了羅得，毫無疑問，當亞伯蘭拒絕接受這筆財富時，羅得認為這是一個巨大的錯誤。不過，亞伯蘭什麼都沒碰。他拒絕並背向誘惑。他把整個世界踩在腳下。他為另一個世界而活。他不會靠這樣的來源發財。

我們每個人都會遇到世界的王子和和平之君。世界的王子用財富、享樂和野心來誘惑我們，但是，當我們受試探的時候，我們的和平之君和祭司已經準備好來幫助和加強我們。

幾年前，我的一個朋友告訴我，他的妻子很喜歡畫畫。但有很長一段時間，他看不出她的畫有多少美。在他看來，這些畫都是模糊不清。有一天，他的眼睛給他帶來麻煩，他就去看了眼科醫生。那醫生驚訝地看著他說：「你同時有近視眼和遠視眼，這種情況下，任何東西看起來都是模模糊糊的。」

醫生隨即給他配了一副眼鏡，結果，他看東西看得清清楚楚。接著，他說他頓時明白了，為什麼他的妻子對畫畫如此如痴如狂。他建立了一個藝術畫廊，畫廊裡面滿是美麗的作品，原因是他的眼睛問題得到解決之後，看一切都是那麼美好。

我們有很多人既有短視又有遠望，他們的基督徒生活充滿了痛苦掙扎。原因是他們一隻眼睛注視著永恆之城，而另一隻眼睛盯著水源豐富的所多瑪平原。羅得就是這樣；他的眼光短淺，又患有老花眼。如果不是因為新約，很難相信羅得能得救，但是我們讀到，神*只搭救了那常為惡人淫行憂傷的義人羅得；（因為那義人住在他們中間，看見聽見他們不法的事，他的義心就天天傷痛。）*（彼後 2：7–8）。羅得的靈魂受困擾。他雖有一顆義心，但他有一個暴風雨般的生活。他沒有像亞伯蘭那樣的平安、喜樂和得勝。

亞伯蘭放棄所多瑪王賜給他的財富之後，神來了；神再次擴大了他的疆界，添加了應許。神說，*我是你的盾牌，必大大地賞賜你*（創 15：1）。

亞伯蘭也許認為，這些敗下陣的國王很有可能會集合其他國王和軍隊來攻打。他可能認為自己單槍匹馬，只有三百一十八個人，很擔心自己從此消亡。但主來了，說，*亞伯蘭你不要懼怕*。這是聖經中第一次出現「*不要懼怕*」這句經常重複的詞。*亞伯蘭你不要懼怕。我是你的盾牌，必大大地賞賜你*（創 15：1）。

比起世界上所有的軍隊和海軍來保護我，我寧願得到這個應許——有天上的神成為我的守護者。神是在教導亞伯蘭，如果他願意將自己完全降服，信靠祂的持守和良善，祂將成為他的朋友和盾牌。這就是我們需要的——完全徹底地把自己交給神。

我在科羅拉多州時，某個工場的主管告訴我一個礦工的故事。這個礦工受了提拔。之後，他跑去找主管說：「有個伙計有七個孩子，而我只有三個；他實在是勉強度日。不要提拔我，提拔他。」

據我所知，最能代表基督和基督教的，莫過於一個人願放棄自己的權利來讓他人享有。*愛兄弟，要彼此親熱；恭敬人，要彼此推讓*（羅 12：10）。

我們發現，亞伯蘭一直放棄自己的私慾來信靠神。結果怎麼樣？在所有曾經活在世上的人中，他是最著名的。他從未做過這個世界標為偉大的事。他召集到的最大的軍隊，不過是三百一十八個人。對這樣的軍隊，亞歷山大大帝會嗤之以鼻！凱撒大帝會啞然失笑！想到亞伯蘭帶著三百一十八人的軍隊，拿破崙非哭笑不得！

聖經沒有說他是一位偉大的天文學家。也沒有說他是一位傑出的科學家。他不是一位優秀的政治家，或者任何被世界標榜為非凡的人或物，但是有一件事他能做——他可以過一個無私的生活，為了榮耀神而放棄自己的權利。就這樣，他成了神的朋友，正因為這樣，他成為不朽。

歷史上，沒有比亞伯蘭這名字更廣為人知。甚至連基督也不過如此，因為穆斯林、波斯人和埃及人都極為尊崇亞伯蘭。千百年來，他的名字在大馬士革聞名遐邇。神已向他應許，偉人勇士、帝王將相都將從他而出。

世上還有哪個民族曾產生過這樣的人物？想想摩西、約瑟、約書亞、迦勒、撒母耳、大衛，所羅門和以利沙。想想以利亞、但以理、以賽亞，和所有其他出色的聖經人物，個個都是此人的後代！然後想想彼得，雅各，約翰、保羅和施洗約翰——如一支強大的軍隊。所有傑出人物——源於這個被從迦勒底呼召出來的人，無人可以數算，且當他被呼召時，籍籍無名，也許還是崇拜偶像者；然而，神確實實現了祂的應許，通過亞伯蘭，祂將祝福地球上的所有民族——都是因為亞伯蘭完全放下自己，讓神保受他。

亞伯拉罕的第四次降服[4]

亞伯拉罕最後的降服是最感人的，也是最難理解的。也許直到生命的終結，他一直不能忍受。神一直帶著他，一步一步地，直到他學會完全服從神所吩咐的境界。我相信，世界尚未看到那完全降服神的人，以及神如何對待這樣的人。除了神的獨生子，亞伯拉罕恐怕是最接近這個標準的人。

二十五年來，亞伯拉罕一直居住在應許之地，身下卻沒有得應許的繼承人。神應許，通過亞伯拉罕，祂將祝福

4　原編者註：至此，亞伯拉罕的信心應當根深蒂固。《希伯來書》十一章17-19節給我們的畫面與作者所描繪的略有不同。在那段經文裡，亞伯拉罕不以為主放棄了祂之前對他兒子的應許，他反倒相信在他殺了兒子後，主會使兒子復活。總而言之，這更讓我們深入地看見亞伯拉罕的信心，因為他正當地認為主正在試驗他，同時主將自始至終完全忠於祂的話。況且，聖經沒有任何地方表明亞伯拉罕掙扎著不願獻上自己的兒子，而是乾脆利落、甘心情願地按主的旨意行事。

所有的民族，但神卻沒有賜給亞伯拉罕一個兒子。有好幾次，亞伯拉罕的信心幾乎跌倒。以實瑪利出生，但神將這女奴的兒子擱在一邊，因為，從人脈來說，神的兒子不應該脈從以實瑪利。神把亞伯拉罕分別為聖，是為祂自己的兒子預備道路；最後，在亞伯拉罕年老的時候，一位使者從天上降到希伯倫，告訴他會有一個兒子。

這消息好得幾乎令人難以置信。亞伯拉罕將信將疑；然而，就在指定的時間，以撒出生了。我不相信，曾經有哪個孩子出生在這個世界，如以撒那樣，給亞伯拉罕的心和家裡帶來如此大的喜樂。很難想像亞伯拉罕和撒拉，年邁的人母，對這孩子如何地喜愛！難以想像，當他們看著這孩子的時候，他們的眼神如何！

但是，就在這男孩長大成人的時候，亞伯拉罕收到一個非常奇怪的神的旨令——獻上他唯一的兒子。或許，他正把那男孩當成偶像，花在孩子身上精力比花在賜給他孩子的神更多。如果我們要在地上遵行神的旨意，心中就必不能有其他偶像。

我可以想像，有一天晚上，老族長精疲力竭上床睡覺。那男孩早就睡著了。此時，突然來了一位天使，告訴亞伯拉罕，他必須領那個男孩，去那神向他顯示的山上，在那裡將男孩當作活祭獻上。那天晚上就別提睡覺了！第二天早上，如果我們能進到那個帳篷，我們會看見僕人們奔來跑去為主人的漫長旅程作準備。亞伯拉罕把秘密藏在心裡，沒有告訴撒拉或以撒。他沒有告訴僕人們發生了什麼事，即便是那最忠實的僕人，以利以謝，。

清晨八點左右，我們看到四個人——亞伯拉罕、以撒和兩個年輕僕人——開始漫長的旅程。每過一會兒，亞伯拉罕會把頭轉向一邊，抹去一滴眼淚。他不想讓以撒看到，他內心正在發生痛苦的爭扎。那是一場艱苦的爭鬥——放棄自己的意志，將男孩獻上作為燔祭——他一生的偶像。哦，他是多麼地愛他!

我想到頭一個晚上。天氣炎熱，一天的旅程下來，又累又渴，男孩一躺下就進入了夢鄉，但那老人卻輾轉不能入睡。我彷彿看到他，看著那男孩無辜的臉，說，「我的孩子，你很快就會離開我了，我返回時，將是孑孓而行。」

也許，那一整夜，他都在祈禱呼求神幫助他；正如神過去幫助他一樣——神在那天晚上也會幫助他。

第二天，他們繼續前行。亞伯拉罕內心繼續遭受痛苦的爭鬥。他再次掉了眼淚。或許以撒看到了，心想，「父親要去見他的神，像在希伯倫一樣，天使們會下來與他交談。這就是為什麼他很困擾。」

第二個晚上降臨，老人夜裡一直看著以撒那張臉。他稍稍打個盹，次日早上，做家庭禮拜時，他崩潰了。他無法完成他的祈禱。

那天，他們繼續行走——那是漫長的一天——老族長說，「這是最後一天我的男孩和我在一起。明天，我必須把他獻上作燔祭；明天，我將失去我懷中的兒子。」

第三個晚上到來，那是個什麼樣的夜晚！我可以想像，那天晚上，亞伯拉罕沒吃沒睡。沒有什麼能打破他的禁食，而且，每隔一小時，他就去看那個男孩的臉。有一次，他彎下腰親吻他說，「哦，以撒，我豈能放棄你？」

然後，清晨到來。對這個父親而言，這是個什麼樣早晨！他顆粒未進。他祈禱，但他的聲音哽咽斷裂。早餐後，他們再次踏上他們的旅程。沒走多遠，他抬頭看見摩利亞山。他的心砰砰直跳。他對兩個年輕僕人說，「你們留在這裡，我和兒子一起過去。」

然後，當父子倆人拿著木柴、火和刀子登上摩利亞山時，那男孩突然轉向父親說：「父親，羔羊在哪裡？父啊，我們沒帶任何祭品啊。」對以撒來說，看父親殺了牲畜來獻燔祭是一件很平常的事，但這次，他卻未見羔羊。

想想，當亞伯拉罕轉身說，*我兒，神必自己預備做燔祭的羊羔*（創 22：8），這個回答是具有偉大的預言性。我不知道，亞伯拉罕是否明白這句話的全部含義；但千百年後，神確實在那裡預備了做燔祭的羔羊。摩利亞山和髑髏地靠得很近，神的獨生子成了羔羊，為世界作了燔祭。

在摩利亞山上，這對父子開始搬挪石頭，一起建造祭壇。他們把木頭放在石頭上面，為燔祭準備好了一切。以撒四周尋找，想看看當作燔祭的羔羊在哪裡。看來，父親再也不能瞞著兒子。亞伯拉罕說：「我兒，坐到靠近祭壇的地方，讓我告訴你一件事。」

然後，那白髮蒼蒼的老族長摟著他的兒子，告訴他，在迦勒底，神如何來到他身邊。他也許跟以撒講他一生的故事，所經歷的一個又一個的應許，以及神如何一直在擴大應許的祝福——祂將通過他，來祝福地球上的所有民族。以撒將成為繼承人。然而，亞伯拉罕最後說：「我兒，我在家時的最後那一晚，神深夜來到我身邊，吩咐我把你帶到這裡，將你作為祭物獻上。　我不明白這意味著什麼，但我可以告訴你一件事——那就是，我寧願將我自己獻上。」

曾經有一段時間，我想的更多的是耶穌基督的愛，而不是父神的愛。我曾經把神想像成寶座上嚴厲的法官，而耶穌基督把我從祂的忿怒中拯救出來。現在，在我看來，我對神的看法是錯上加錯。

自從我成為父親後，我才意識到，父親獻上兒子去死，比起兒子死，需要更多的愛和自我犧牲精神。假如，地上的父親，寧願讓自己的孩子受苦，而不願自己受苦，那還算個真正的父親嗎？你認為，神不需要付出代價，就能救贖這個世界嗎？救贖，使神付出祂曾經擁有的最寶貴的財產。當神賜下祂的獨生子時，祂付出了一切；然而，為了你和我，祂白白地賜下獨生子。

我推想，亞伯拉罕與以撒交談，告訴他，把他作為祭物獻上是嘔心抽腸。「但神已經下了旨意，」他說，「我就將自己的意志降服於神的旨意。我不明白，但我相信神能使你復活，祂應該會的。」

我猜想，他們撲倒在地，一起祈禱。祈禱後，我看到老父把兒子抱在胸前，作最後一次的擁抱。他對兒子親了又親。然後，他握住那無辜的雙手，緊緊綁住。他綁住以撒的腳，再把整個人綁起來，放在祭壇上，最後，給了他一個吻。然後他拿起刀，舉起手。那手還沒抬起，天上就有呼叫聲下來，*亞伯拉罕！亞伯拉罕！ ……你不可在這童子身上下手*（創 22：11–12）。

你曾記得，當基督說，*你們的祖宗亞伯拉罕歡歡喜喜地仰望我的日子，既看見了，就快樂*（約 8：56）？我有個想法，神當時在那裡，為亞伯拉罕拉開了時間的帷幕。亞伯拉罕俯視未來，望見神的兒子上到各各他山，承擔他和他所有後代的罪孽。神賜他這個奧秘，告訴他，衪的兒子將如何來到這個世界除去他的罪孽。

我的朋友們，每當神呼召我擔當更高的服事時，我的意志總是與之發生衝突。我曾與之抗爭，但最終，神的旨意勝過我的意志。當我歸於耶穌基督時，我內心經歷了一場可怕的爭戰，要使我的意志降服，接受神的旨意。當我放棄我的生意的時候，內心又打了整整三個月的仗；我竭力抗拒神的呼召。這真是一場惡戰，但我多次感謝神，我最終能放棄自己的意志，接受衪的旨意。

然後，有一次，神呼召我投身於更高的服事——走出去在全國各地傳福音，而不是呆在芝加哥。我與之抗爭了幾個月，但是，我一生所做過的最好的事，莫過於放棄我的意志，讓神的旨意行在我身上。亞伯拉罕順服神，連他唯一的兒子都不保留，神就再次擴充賜給他的應許：

> *耶和華的使者第二次從天上呼叫亞伯拉罕說：「耶和華說：『你既行了這事，不留下你的兒子，就是你獨生的兒子，我便指著自己起誓說：論福，我必賜大福給你；論子孫，我必叫你的子孫多起來，如同天上的星，海邊的沙；你子孫必得著仇敵的城門；並且地上萬國都必因你的後裔得福，因為你聽從了我的話。』」*
>
> （創 22：15-18）

假如你接受我的建議，那就是，除了神的旨意，你要放棄其他任何意志。如果你完全徹底地降服，天堂的甜蜜信息就會臨到你，神會向你的靈魂切切細語，述說天堂的奧秘。

當亞伯拉罕順服神之後，神把他當作朋友；神可能告訴他所有有關祂兒子的事。我們若完全降服，神就會賜給我們前所未有的、更好的東西。我們會得到耶穌基督新的異象，不僅在今生，而且在來世感謝神。願神幫助我們每一個人向祂完全、徹底、無條件地降服——從今直到永永遠遠。

第二章

摩西

神的呼召

聖經裡，用了很大的篇幅，來描繪神如何呼召人來從事祂的工作，然而，就這些被呼召的人的結局，則寥寥數筆。例如，我們不知道以賽亞死在何處或如何死的，但我們知道很多關於他看到神在高處和他被舉上寶座時，神對他的呼召。我想，今天有數百名正在等待呼召並想知道他們的人生使命究竟是什麼的年輕男女，發現這正是他們遇到的最大問題。有些人不知道該從事什麼樣的職業或工作；所以，我想來審度一下神對摩西的呼召，看看是否可以從中學到一些功課。

你也許還記得神在燃燒的荊棘中向摩西顯現，呼召他來做這個世界上對任何被呼召的人來說都是最偉大的一項工作：領以色列人脫離埃及的奴役。摩西以為主犯了一個錯誤，因他覺得自己不是這份工作的合適人選。他問，

我是什麼人？竟能去見法老，將以色列人從埃及領出來呢？（出 3：11）以他對自己的評估，他認為自己非常渺小。然而，四十年前，他剛出道時，和許多其他人一樣，他認為自己已經具備很好的服務能力。他曾在埃及人的學校讀書。他曾住在埃及的宮殿裡，在那里和埃及的精英、文明階層混在一起。毋庸置疑，當他出道時，不用像亞伯拉罕那樣求神賜智慧和引導，他有著任何人所能擁有的優勢；可惜的是，結果他還是一落千丈。

有多少人，以從事某種基督教職業開始，但卻以失敗告終？他們沒有聆聽神的聲音。他們沒有等待神的旨意。

我估計，摩西以為，當以色列的子民得知一位埃及王子將帶領他們獲得自由，將會感到非常榮幸。不過，你應當記得，摩西是如何脾氣失控，殺死了埃及人。次日，當他干預兩個希伯來人的爭鬥時，兩個希伯來人想知道，憑他這殺人的德行，是誰讓他成為他們的審判官和首領。因為害怕被暴露，他只好逃到曠野，在那裡隱居了四十年（出 2：14–15；徒 7：23–36）。摩西殺死了埃及人，這一行動使他的影響力喪失殆盡。為自由而殺人；以非為是。這是對欺壓剝削進行改革的不良方法，因此，摩西需要訓煉。

對神來說，讓摩西受祂四十年的教訓，那是一段相當長的時間。同樣，讓一個人在他風華正茂的壯年待候——從四十歲到八十歲，也是很長的一段時間。摩西從小就在埃及的繁華奢侈中長大，如今，他卻成了一名牧羊人。在埃及人眼裡，牧羊人是貧賤的，是遭白眼的。我認為，摩西開始的時候，腦袋比心大，我相信，這也是許多人失敗的原因。他們頭大心小。

一個人若有一顆乾癟萎縮的心和一個碩大的腦袋，那他就是一個怪物。摩西也許看不起希伯來人。很多人從一開始就認為自己很厲害，其他人都很渺小，因此，他們以為自己要把其他人都提升到和自己同樣的水平。神未曾使用過這樣的人。也許摩西在神的學府裡屬大器晚成一類，所以神讓他在那里呆了四十年。

如今，他已裝備完全。他正是神想要的人，神就呼召了他。摩西問，我是什麼人？在他自己的眼裡，他很渺小——恰好小到讓神可以使用他。

你要是問埃及人摩西是誰，他們會說，他是世界上最大的傻瓜。他們會說：「看看那人的機會！他本可以成為整個埃及軍隊的首領。如果他不和那些又窮又酸的希伯來人認同，他本可以登上王位，向整個世界揮舞權杖！想想他失去了多少機會，丟失了多少特權！」

四十年來，摩西從公眾的腦海裡消失，他們不知道他後來成了什麼；但神關注著他。他是神要從所有人中揀選的那位，但當他遇到神時，還帶著這個問題，*我是什麼人？*他是誰並不重要，重要的是，誰是他的神！

當人們認識到自己什麼都不是，而神就是一切時，沒有一個職位是神不能使用他們的。完成那偉大的救贖工作的並不是摩西，摩西只不過是神手中的器皿。沒有摩西，神照樣可以對法老說話。假如祂願意的話，祂可以用雷鳴般的聲音說話，用一句話打碎法老的心，但祂屈尊俯就揀選了一個凡人來完成祂的旨意。祂本可以差派天使加百列，但祂知道，摩西才是超群絕倫之選，所以祂呼召了摩西。

神使用人與人說話。祂通過中保作工。祂本可以在瞬間完成以色列子民的出走埃及，但祂卻選擇派遣一個孤獨和被鄙視的牧羊人，通過痛苦失望來實現祂的目的。那是神在舊約和新約中行事之道。祂差遣自己的獨生子成為罪人的樣式，作神與人之間的中保。

摩西繼續找藉口。他問，*「我到以色列人那裡，對他們說：『你們祖宗的神打發我到你們這裡來。』他們若問我說：『他叫什麼名字？』我要對他們說什麼呢？」*（出 3：13）。我估計，他被派去埃及之前，他還記得上次他是如何失敗的，所以這次他又怕失敗。一個失敗過的人，如驚弓之鳥，總是害怕再次失敗。他對自己喪失信心。我們對自己失去信心，實際上是一件好事，從而可以獲得對神的信心。

主說，*我是自有永有的*（耶和華）…… *打發我到你們這裡來*（出 3：14）。

有人說，神給了摩西一張空白支票，從那時起，摩西所要做的就是填寫支票。當他想從磐石中取水時，所要做的就是填寫那張支票。當他想要麵餅時，他只需填寫支票，麵餅就有了。他有一位富有的銀行家。神已經與他建立了夥伴關係。神已經使他成為自己的受惠者，他所要做的就是仰望祂，他就得到他想要的一切。

然而，他又退縮了，另找了一個藉口。他說，*他們必不信我，也不聽我的話*（出 4：1）。他怕以色列人，也害怕法老。摩西知道，要讓你的朋友們相信你，那該有多難。

如果神讓我們傳遞一個信息，我們無權決定別人是否相信它。我們不能強迫他們相信。假如是神差派我叫人們相信，祂就會給我力量讓他們相信。這是聖靈的工作。除非我們受聖靈的洗禮獲得能力，否則我們無法說服人、戰勝懷疑和不忠。

神告訴摩西，以色列人會相信他，他會成功，他會帶領以色列人脫離奴役；儘管如此，摩西似乎仍不信對他說話的神。

然後主問，你手裡是什麼？（出 4：2）。摩西手裡有一根棍子（或杖），有點像牧羊人的曲杖，是他製作的，在曠野里以防萬一，有需要時用來自衛。

「這只是一根棍子，」摩西回答。

神向摩西解釋說，他將用這根棍子來拯救以色列人。神向摩西表明，這根棍子會幫助以色列人相信神與他同在。*如此好叫他們要信耶和華他們祖宗的神，就是亞伯拉罕的神，以撒的神，雅各的神，是向你顯現了*（出4：5）。當全能神將自己與那根棍子連接在一起時，棍子的價值超過了世界上所有軍隊的總和。我們來看看那桿棍子是如何帶來神蹟的。它使蒼蠅的瘟疫和雷暴降臨，它把水變成了血。歸根結底，行這事的既不是摩西，也不是他的棍子，而是掌管棍子的神——摩西的神。只要神與摩西同在，摩西就不會失敗。

有的時候，神的僕人看起來好像失敗了。當希律將施洗約翰斬首時，看起來約翰的使命好像失敗了。真是這樣嗎？約翰那曾響徹約旦河谷的呼聲，今天仍然響徹全世界。你仍然可以聽到那呼聲在山上山谷的回音：*他必興旺，我必衰微*（約 3：30）。施洗約翰高舉耶穌基督，將祂見證給世人，只有當約翰完成他畢生的工作之後，希律才將約翰斬首。

據我們所知，司提反只作了一場講道，那講道還是講給猶太人的公會。但是，這個講道卻一次又一次地傳遍全世界（徒 7）。司提反升天后，保羅來了，他是基督升天以後世上最偉大的傳道人。一個人若是耶和華差派來的，就根本沒有失敗這回事。基督的生命是失敗嗎？看看今天祂的比喻是如何傳遍地球的。使徒們看起來好像失敗了，但看看他們已經完成了多少使命。如果你讀《使徒行傳》，你會看到使徒行傳中，每一個貌似失敗的地方，結果都變成了一場偉大的勝利。摩西不會失敗，儘管法老輕蔑地問，*耶和華是誰，使我聽他的話，容以色列人去呢？*（出 5：2）。結果，他親身經歷了神是誰。他發現確實有一位神。

摩西又找了一個藉口說，*我本是拙口笨舌的*（出 4：10）。他說他不是演說家。

朋友們，我們的演說家實在太多了。我已經厭倦了光說白話的演說家。我曾經後悔自己不能成為一名演說家。我想，「哈，如果我能像某些人一樣擁有演講的天賦就好了！」我聽說過，那些出口成章的人可以將觀眾俘虜。但是，這些人來了，然後又走了。他們的演講就像空氣一樣。背後沒有力量。他們僅僅信靠自己的口才和優美的演講。這正是保羅所想到的，並寫信給哥林多人說：*我說的話、講的道，不是用智慧委婉的言語，乃是用聖靈和大能的明證，叫你們的信不在乎人的智慧，只在乎神的大能*（林前 2：4–5）。

舉法庭證人為例，證人若企圖藉此機會來表演口才，法官很快會將他排除在外。能簡單明了道出真相的人，對陪審團產生的影響最大。

假設摩西為法老準備了演講稿，頭髮梳得精光順溜，站在鏡子前，或去演講老師那裡學習用手勢演講。假定他衣冠楚楚，一隻手插在外套裡，擺出姿勢，開口說：「我們祖先的神，亞伯拉罕、以撒和雅各的神，命令我來見埃及尊貴的國王。」

我想，法老們會馬上將他斬首！他們有的是像摩西一樣雄辯的埃及人。他們缺乏的不是口才。當你在講壇上看到某人試圖炫耀他的口才時，他自己當傻瓜不琮，還把別人當成傻瓜。摩西雖然笨嘴拙舌，但他帶有一個信息，而且是神要他傳達的信息。

摩西堅持要找個藉口。他不想去。他並不急於當天堂的使者和去執行神的差事，而是想為自己找藉口。主就揶揄他，合了他的口味，賜給他一個翻譯；祂把亞倫給了他。

在這種情況下，假如說這世上有一件蠢而又蠢的事，那就是通過翻譯來交談。我在巴黎時試過一次。口譯員和我走上講壇，那裡只能擠下一個人。我說話時，他就斜靠在一邊；然後我斜靠在一邊，他才能擠過來，用法語重複一遍我講的句子。你還能想出比這更愚蠢的事嗎，摩西前去見法老，反倒要經亞倫向法老說話？

然而，這個笨嘴拙舌的人變得雄辯起來。就好像威廉•格萊斯頓[5]（William Gladstone）那樣的雄辯能力！正如我們在《申命記》三十二章1–4節中讀到的那樣，摩西在一百二十歲時變得能言善辯：

> *諸天哪，側耳，我要說話，願地也聽我口中的言語！我的教訓要淋漓如雨，我的言語要滴落如露，如細雨降在嫩草上，如甘霖降在菜蔬中。我要宣告耶和華的名，你們要將大德歸於我們的神！他是磐石，他的作為完全，他所行的無不公平，是誠實無偽的神，又公義又正直。*

事實證明，摩西是世界上口才最好的人之一。神若差派一些人傳達祂的信息，祂就賜他們口才。神要是給了你一個信息，你就把這信息傳給人們，就像神賜給你一樣。不依靠神，自己一心想要口才好，那實在是很愚蠢的。

讓你的信息，而不是你本人，成為最突出點。不要有自我意識。把你的心放在神讓你去做的事情上，不要愚

5 原註：威廉•格萊斯頓（William Gladstone，1809-1898），英國政治家，從政六十多年，包括四屆總理。

蠢到讓你自己的困難或能力成為阻礙。據說，人們去聽西塞羅[6]（Cicero）演講，聽完後會評論說：「你曾聽過這樣的演講？是不是很精彩？是不是很有氣派？」但是，當他們去聽狄摩西尼[7]（Demosthenes）演講，他的演講使他們激進高亢，以至於他們會立即投入戰鬥。他們把狄摩西尼忘得一干二淨，但卻被他的演講所激勵。這就是兩人的不同之處。

接著摩西說，*主啊！你願意打發誰，就打發誰去吧！*（出 4：13）神如果聽從摩西的話說：「好吧，摩西。你留在曠野裡，我會差派亞倫、約書亞或迦勒！」摩西會失去什麼？

如果神呼召你去做某事，不要找藉口推辭。假如十二個門徒拒絕耶穌的呼召，他們會失去什麼？對其他那些門徒，我一直深感遺憾，《約翰福音》寫到：*他們退去，不再與耶穌同行*（約 6：66）。

想一想，俄珥巴回到本族，她錯過了什麼，而路得堅持跟隨拿俄米的神獲得了什麼。三千年來，路得的故事一直在流傳。她的父親、母親、姐妹、兄弟、她丈夫的墳墓——她都背棄了他們（參 得 1：8-18）。如果路得再現，她將會告訴我們，她毫不後悔自己的選擇。當然不會。她的名字在所有過去和現在的女性中閃耀著光芒。彌賽亞是她的後裔之一。

假如摩西再現，他難道會跟我們說，他很抱歉神呼召了他嗎？當他那榮耀的身體與耶穌和以利亞一起站在變形山上，我認為他並不後悔。

---

6 西塞羅（Marcus Tullius Cicero，106-43 BC），古羅馬哲學家、政治家、作家、雄辯家。（如無特殊註明，均為譯者註）

7 狄摩西尼（Demosthenes, 384-322 BC），古希臘演說家。

我親愛的朋友們，神不局限於僅僅差派一位使者。聖經告訴我們，祂能從石頭中興起子孫（太 3：9；路 3：8）。有人說過，人可以分為三類——「願意」、「不願意」和「不能」。第一類做什麼都成功，第二類幹什麼都反對，第三類則做什麼都失敗。如果神呼召你，這是莫大的榮耀。在任何事情上，和神同工是莫大的榮幸。歡喜而愉快地去做。全心全意地去做，祂必祝福你。勿讓表面上的謙虛、虛偽、自私或任何個人意念使你偏離責任和獻身的道路。如果我們靜心聆聽神的聲音，我們就會聽到呼召。若祂呼召並差遣我們，就絕無失敗之說，而成功會一直伴隨著我們。摩西取得輝煌的成功，因為他不斷向前，按神的呼召去行。

第三章

乃縵

神的方法

讓我們來看一看一位在他自己國家是一位德高望重的人——甚至連國王都敬重他。此人便是乃縵。他身為亞蘭王的元帥，身居高位，但他是一名麻風病人，這給他的一生蒙上了一層陰影。正如霍爾主教[8]（Bishop Hall）風雅的說法：亞蘭最底層的奴隸都不會和他換皮。

不可能有比乃縵更合適的罪人了。我不在乎他是誰或擔任什麼職位——所有人都犯了罪。*因為世人都犯了罪，虧缺了神的榮耀*（羅 3：23）。所有人都必須承擔同樣的死亡重擔，*因為罪的工價乃是死*（羅 6：23）。所有人都必須站在神面前接受審判。我們整個人生都籠罩在陰霾之下！

但他長了大麻風（王下 5：1）。亞蘭沒有醫師可以幫助他。大馬士革的名醫對他無助於事。假如他要想治愈麻風

8　霍爾主教（Bishop Hall, 1574-1656），英國主教。

病，那能力就必須來自上天。那一定是乃縵圈子外的人，因為凡他認識的人都不認識神。

但在亞蘭有一個神的孩子。她是一個小女孩，一個不起眼的被擄丫鬟，專門侍奉乃縵夫人。乃縵對這個小以色列人一無所知，儘管她是他的家人。

我可以想像，有一天，當小丫鬟正在侍候元帥夫人時，她注意到夫人在哭泣。小丫鬟的心碎了，因為整個家好像是被烏雲籠罩。於是她告訴女主人，她本國有一位先知可以治好主人的麻風病。她說，*巴不得我主人去見撒瑪利亞的先知，必能治好他的大麻風*（王下 5：3）。

這就是信心！她以神誇口：祂為外邦人乃縵所做的，比祂為以色列的任何人所做的還要多，而神也成全了她的信心。

乃縵的妻或許對年輕的丫鬟說：「什麼？以色列的先知能治好大麻風？」

「是的。」

「你知道有人被治愈過嗎？」

「沒有。」

「那好，是什麼讓你認為有一位先知可以治好麻風病？」

「哦，與以利沙能做成的事相比，治好麻風病算不了什麼。住在我們家附近的一個小男孩死了，以利沙使他復活。他行了很多奇蹟。」

她一定有誠實的口碑，她若沒有，她的見證就不會被認真對待。有人告訴了乃縵，乃縵就告訴了國王。乃縵受國王極高的敬重，因為他最近在一場大戰中大獲全勝。他站在王座旁。於是王說：「你最好下到撒瑪利亞，去看看這是不是真的。我會讓你帶介紹信給以色列王。」

就是這樣，亞蘭王讓乃縵帶著他的介紹信去見以色列王。人就是這樣行事的。人的想法是，若有人能幫助他，那就非國王莫屬，因為國王對神對人都有權柄的關係。哦，我的朋友，和一個認識神的人相識相交要勝過國王。一個和神同在的人，比地上的任何統治者都更有權柄。金錢地位不能解決所有的問題。

乃縵帶著王的介紹信下到撒瑪利亞去了。當亞蘭軍隊的元帥驅車過來時，一定會引起巨大的轟動！乃縵隨身帶來大量的金銀。這又是一般人的意念。他要花錢請一位好醫生，他拿了五十萬美元來作為支付醫生的費用。

若真能買到神的恩寵，擺脫罪的詛咒，很多人會心甘情願地付出這麼多錢。如錢真能通神，許多人會購買救恩；但感謝神，救恩不是能以廉價出售的。我們必須以神的價值來購買救恩，那就是***不用銀錢，不用價值***（賽 55：1）。乃縵最終才醒悟。

親愛的朋友們，你是否曾捫心自問，哪個更糟糕——罪的大痲瘋還是身體的大痲瘋？就我而言，我寧願讓身體遭千百次麻風病的攻擊，吞噬我的眼睛、腳和手臂。我寧願在我的同胞眼中視為可憎，也不願死於我靈魂中罪惡的麻風病並永遠與神隔絕。身體的麻風病固然是邪惡的，但罪的麻風病是惡中之惡。它曾導致天使們從天上被逐出去。它曾毀掉世界上最優秀、最強壯的人。哦，它是如何把人們給拉倒的！身體的麻風病根本無法做到這一點。

我特別喜歡乃縵這一點，那就是他對目標的執著追求。他是誠心實意、熱誠坦率。他很願意聽這個小丫鬟的建議，行一百五十里路。很多人說：「哦，我不喜歡某某牧師；我想知道他來自哪裡，做了什麼，有沒有被哪位主教按立為牧師。」

我親愛的朋友，甭管牧師是誰；你需要的是信息。若有人送個音信給我，而且消息很重要，我不會停下來問帶來消息的是誰。我想要知道的是什麼消息。我會關註消息，而不會關注那帶來消息的人。

神的信息也是如此。福音是所有的一切，而牧師則無足輕重。亞蘭人瞧不起以色列人，但這位大人物卻願意從這個小丫鬟的手中接過好消息，聽從她嘴裡說出來的話。

要是我在紐約市迷路了，我願意問任何人該走哪條路，即便是一個擦皮鞋的男童。事實上，在這種情況下，這男孩的話往往比大人的話更可信。我想要知道的是去那地方的路——不是那指路的人。

乃縵的例子中有美中不足之處。雖然乃縵願意接受小女孩的建議，但他不是很乾脆地接受救藥。驕傲的絆腳石擋住了他的去路。先知給他的救藥對他的自尊心來說是一個重重的打擊。我毫不懷疑，他期待著以色列王的盛大招待，因他捎有亞蘭王的介紹信。他的戰績輝煌，在軍中享有很高的地位。我們可以稱他為亞蘭的乃縵少將，或許他的軍銜更高。

有著君王般的背景，乃縵無疑期望得到隆重的接待。不過，以色列王並沒有衝出去迎接他，當他聽說乃縵到來和他的目的時，他一把撕開他的衣服，說：*我豈是神，能使人死，使人活呢？這人竟打發人，叫我治好他的大麻風。你們看一看，這人何以尋隙攻擊我呢？*（王下 5：7）

以利沙聽說王的難處，就傳信給王說，*你為什麼撕了衣服呢？可使那人到我這裡來，他就知道以色列中有先知了*（王下 5：8）。

我推測乃縵驕傲的理由是這樣的：「我，偉大的亞蘭元帥前來拜訪他，先知一定會感到高抬、受寵若驚。」於是，滿懷驕傲的念頭，乃縵駕著戰車，穿著華美的服飾，驅車前往先知的陋舍。就這樣，乃縵威風凜凜地驅車來到先知的住宅；當見無人出來迎接他時，他傳話說：「告訴先知，亞蘭的乃縵元帥來了，要見他。」

接到傳話，以利沙非常平靜。他雖沒有出來見乃縵，但一聽到乃縵差事的傳話，就派僕人吩咐乃縵，要乃縵在約旦河里浸洗七次，然後，大麻風就潔淨了。

這對乃縵的自尊是一個重擊。我猜想，他對他的僕人說：「你在說什麼？你的話我理解正確嗎？在約旦河泡七次！開玩笑吧，在我國，我們稱這約旦河為一條渠溝而已。」

但是，他得到的唯一答案，是先知說，*你去在約旦河中沐浴七回，你的肉就必復原，就得潔淨*（王下 5：10）。

我可以想像乃縵的惱怒，他問道，*大馬士革的河亞罷拿*

和法珥法豈不比以色列的一切水更好嗎？我在那裡沐浴不得潔淨嗎？（王下 5：12）他可能會想：「我不是洗過了幾百次，對我有什麼幫助？水能洗掉麻風病嗎？」於是，怒氣沖沖轉身就走了。

當你告訴一個男人真相，他為此生氣，這並不是一個壞兆頭。有些人生怕惹別人生氣。我知道，有些妻子害怕與丈夫交談，生怕惹他們生氣。我認識一些母親，她們害怕跟兒子交談，因為害怕他們會生氣。

如果事實真相是讓他們生氣的原因，不要怕惹他們生氣。假如，因為我們的愚蠢，使他們生氣，那麼我們有理由為此悲哀。如果真理使某人生氣，真理是神賜的，那麼讓某人生氣比讓他昏睡不醒要強得多。我認為，今天很多人的問題是他們仍在沉睡中。即使他們醒來時會發怒，把他們喚醒比讓他們繼續昏睡要好得多。

事實確實這樣：約旦河，從來沒有作為河流而享有盛譽。它流入死海，而死海歷來連個港口都沒有。它的河岸根本不能和大馬士革的河流比美。大馬士革是世界上最美麗的城市之一。

乃縵怒不可遏。「啊，」他說，「我，這樣一位偉大的征服者，一位在戰場上戰績輝煌的將軍，在軍中擁有最高的軍銜，而這位先知甚至沒有出面來見我。他只是傳了一番話而已。*我想他必定出來見我，站著求告耶和華他神的名，在患處以上搖手，治好這大麻風*（王下 5：11）。

看見了嗎？幾乎所有的人在提到自己的罪時都說：「是的，但*我想*。應該如此，如此。」

「慕迪先生，」他們說，「我會告訴你*我是怎麼想的*；我會告訴你*我的看法*。」

在《以賽亞書》第五十五章，*神說，我的意念，非同你們的意念，我的道路，非同你們的道路*（賽 55：8）。乃縵也是如此。起初，他還以為一大筆醫療費就會搞定一切。此外，他還認為帶著介紹信去見王就行了。是的，這就是乃縵最初的想法。*我想*。就是如此。他憤怒失望地轉身離開。

他以為先知會非常謙卑順從地向他走來，並求他做一些偉大的事情。恰恰相反的是，以利沙也許正忙著寫字，甚至沒有走到門前或窗前打招呼。他只是傳了一句話，*你去在約旦河中沐浴七回*（王下 5：10），然後乃縵走了，口中說，*我想，我想，我想*。

我經常聽到這樣的故事，我都厭倦了。放棄你的意念，接受神的話語、神的意念、神的道路。我還未曾聽說有人非得在他所指望的時間和以他喜歡的型式悔改歸正。我聽人說：「好吧，我要是悔改歸正，也不會在衛理公會教堂裡；你不會在那裡看到我歸正的。」我還從來不知道有人會這麼說，如果他要完全歸正，那就非得在衛理公會教堂不可。

在蘇格蘭，有個男人——一個雇主——在我們的一次佈道會上歸正了。他非常關心他的員工，想到應該讓他們都聽到福音，他就將他們一一派去參加佈道會。然而，有一個人不願去。我們每個人或多或少都有點固執，而這個人一聽說老闆要他去參加佈道會，就堅決不去。他說，如果他要歸正，他將由某位按立的牧師來主持歸正儀式。他不會參加任何由未經按立的美國人主持的佈道會。[9] 他相信悔改歸正，但他堅持以常規的渠道來歸正。

他相信蘇格蘭的長老會，那才是他要歸正的地方。雇主想盡辦法讓他參加會議，但他就是不去。

我們離開那個小鎮，到了因弗內斯（Inverness）之後，雇主在那兒有一些生意，他就派這個員工去處理，並希望他能參加我們的一些會議。

有一天晚上，當我在河邊傳道時，我碰巧把這段話當成我的講道主題：「***我想；我想。***」我試圖針對人的意念提出挑戰，並說明人的意念與神的意念之間的區別。碰巧這個人在河邊散步。他看到一大群人，聽到有人在那裡說話。他想知道那個人在說什麼。他不知道是誰在說話，他就靠近人群傾聽。他聽了佈道後，當場就在那裡認罪悔改、歸正。然後，他問傳教士是誰，結果，他發現這人正是他一口咬定不會去聽他講道的那位——那個他不喜歡的人。他一直反對的那個人，恰恰正是神用來使他悔改歸正的那個人。

正當乃縵擺不定主意，不知道該怎麼辦的時候，他的一個僕人進前來，非常明智地說：*我父啊，先知若吩咐你作一件大事，你豈不作嗎？何況說你去沐浴而得潔淨呢？*（王下 5：13）

9　這裡指的是慕迪的佈道會。慕迪不是一位被正式按立的牧師。

這中間有很多道理。若以利沙叫乃縵手腳並用，跋行一百五十英里回到亞蘭，他還真會這樣做，因他認為這裡頭有道理。若讓他鑽進某個山洞，在那里呆一兩年，他也會這樣做，並認為有道理。若告訴他有必要做一些手術，而且要忍受疼痛，他會覺得挺合適。

人們總喜歡為他們的救贖做點什麼。他們不喜歡承認自己無能為力，而神必成全所有。如果你告訴他們在接下來的五年裡，每天早晚吃點苦草藥，他們覺得這還合情合理。以利沙若告訴乃縵那樣做，他就會那樣做；但是，告訴他單單在約旦河裡泡七次似乎很荒唐。然而，這個僕人建議他最好還是下約旦河試試，因為這救藥簡單易行。

好吧，你是否在那裡看到了自己的影子？有多少人在等待著一些偉大的事情發生在他們身上？他們期待某種突如其來的感覺從身上閃過，或者某種衝擊降臨在他們身上。然而，這不是我們的主想要的。有個伙計多年來我一直跟他談他的靈魂，而我最後一次與他交談時，他說：「這件事還沒有讓我感到震驚。」

我說：「這是什麼意思？」

他說，「這件事還沒有打動我。」

「打動你？你這是什麼意思？」

「是這樣」他說，「我去教堂，我聽你講道，我也聽其他人講道，但這事還沒有打動我。某些人被打動了，但還沒有打動我。」

這就是我能從他那裡得到的所有回應。不僅是他，很多人都是這樣推理的。他們曾聽過一些初信的皈依者講光照在他們身上如何像流星般閃耀，或者他們如何體驗到一種新的感覺，所以這些人也正在等待類似的事情發生在自己身上。但是，你在聖經中找不到任何一處，跟你說要等待這些東西的發生。你唯一要做的，就是服從神告訴你所要行的，讓你的情感順其自然。

我無法控制自己的情感。即使我想要控制，我也無法讓自己隨意感覺到好或壞，但我可以順服神。神賜給我力量。祂不會命令我作某事而不給我力量去作。既然神有命令，那神就有力量賜給。

乃縵可以照先知所說的去做。他可以下到約旦河去浸泡七次，這是主要他做的。若我們要進入神的國度，那麼，我們就要在那個國度的門檻前，學習必須順服的教義——按祂的吩咐去做。

我可以想像乃縵仍然不願相信，他說：「假如約旦河有如此的潔淨能力，為何以色列的麻風病人不都下到河裡，泡一泡，得痊癒呢？」

「是這樣」那僕人也許催促，「你既然已經走了一百五十英里，你不覺得，你應該按照他的吩咐去做嗎？總之，你至少可以嘗試一下。大人，他傳的話明明白白，你的肉體將再次變得像幼兒一樣。」

乃縵及時接受了僕人的建議。他的怒火正在漸漸消退，已經過了最初的憤怒。他說：「好吧，我不妨試試。」

那是他信仰的起點，儘管他仍然認為在約旦河裡沐浴是一個愚蠢的主意——他無法讓自己相信，按先知的指示他會得醫治。不過，到了最後，乃縵的意志被征服，他降服了。

當格蘭特將軍[10]（General Grant）率軍圍攻一個作為南軍據點的重鎮時，南軍的一些軍官傳出話來說，如果放他們和部下的人一馬，他們就會棄掉這座城市。格蘭特將軍回答說：「不，唯有無條件投降！」

接著，他們發信說，如果允許他們帶著他們的旗幟，他們就會離去。但回答是「不——無條件投降」。最後，格蘭特將軍和他的部下攻破城牆進城，結果，敵人徹徹底底、無條件地投降。

乃縵就是這樣；他到了願意順服的地步，神要的正是順服，且勝過獻祭。聖經告訴我們，*聽命勝於獻祭*（撒上 15：22）。神要的是順服，乃縵必須學習這門功課。除了順服神的旨意之外，下到約旦河不是因為個人有什麼特殊的美德。乃縵必須順從神的道，恰恰正是在順服中，他得到了祝福。

我們來看看新約裡那來到基督面前的十個麻風病人。祂對他們說，*你們去，把身體給祭司察看*（路 17：14）。

「對不起，」他們也許會說，「這對我們有什麼好處？我

---

10 尤利西斯•格蘭特（Ulysses Grant，1822-1885），美國總統、軍事家，1865年率聯邦軍贏得南北戰爭。

們這些人全是麻風病人，如果我們去把身體給祭司看，祭司會命令我們再次去流放。這對我們毫無幫助。」

然而，那十個人二話沒說，立即就採取行動，作了主耶穌基督吩咐他們作的事；就在做這件事的過程中，他們得到了祝福；麻風病離開了他們。

有個癱瘓的人，他的朋友把他扛在褥子上來見耶穌，耶穌對那癱瘓的人說，*起來！拿你的褥子回家去吧*（路 5：24）。[11]

那人本可以說：「主啊，我多年來一直想捲起那褥子，但我做不到。我四肢無力。我因癱瘓而發癲有整整十年。你認為，如果我能捲起那褥子，我還會被扛到這裡，而且從屋頂上連褥子一起縋下來嗎？捲起褥子？我無能為力。」但是，當主命令他時，祂給了他能力。一聲令下，力量隨之而來，那人站起身來，捲起褥子，立馬回家。他因順服而蒙福。我的朋友們，如果你想讓神祝福你，就當順服祂。凡事都照祂指令你的去做，然後看看祂是否會祝福你。

有一天，基督去了會堂。法利賽人想誘祂做一些事來違反摩西律法，這樣他們就可藉此判祂死刑。那裡有一個人，他的手已經枯乾了。法利賽人問耶穌在安息日治病是否合法，看祂是否會在那一天治病。耶穌對那人說，*伸出手來！*（太 12：13）

那人本可以說：「主啊，這是一個非常奇怪的命令。我沒有能力。這隻手已經枯萎了二十年。在過去的二十年裡，我沒有把它伸出來過，而你說，『把它伸出來。』」

11　這故事出於《路加福音》第五章。英文原文引用《約翰福音》第五章，有誤。

但是，當耶穌告訴他這樣做時，祂同時給了他力量，然後，他就伸出那隻枯萎的老手。在手變直之前，就在手伸出那一瞬間，手就完好無恙了。那人因順服而蒙福。

乃縵不得不上完順服這門課，才能接受他必須服從的教導，他最終按照命令下到約旦河去。如果你按照主的吩咐去做，主就會像祝福乃縵一樣祝福你。

你可能會問：「祂吩咐我作什麼？」

祂說，*當信主耶穌，你和你一家都必得救*（徒 16：31）。

神對乃縵說的話是下河去洗。神對每一個從基督而生的靈魂說的話，就是信祂的兒子。*我實實在在地告訴你們：那聽我話又信差我來者的，就有永生，不至於定罪，是已經出死入生了*（約 5：24）。如果你全身心信主耶穌基督，神絕不會因罪審判你；一切都過去了——一切都勾消了。聽從祂的話；相信祂。信祂所說的，你就會進入永生。*祂到自己的地方來，自己的人倒不接待祂*（約 1：11）。強調的是你要接受祂——不是教義，不是信條，不是神話，而是那位活生生的祂。

祂來到自己的地方，自己的人卻不接待祂。凡接待祂的，就是信祂名的人，祂就賜他們權柄做神的兒女（約 1：11–12）。這就是你獲得權柄之道。

乃縵下到河邊，接著，第一次浸泡到水里。我可以想像，當他從水里出來，看著自己，對他的僕人說：「瞧這裡！瞧我這裡——跟我下去泡之前比，根本不見好！說實在的，只要有七分之一的麻風病消失了，我就會相當滿意。」

僕人也許說:「神人叫你下去洗七次。你要照他說的去做。對神的話不能有片面的順服。」

好吧,他就下去第二次,他上來喘著粗氣,還是跟以前一樣的一個大麻風病人。不過他還是一次又一次地下到水里——第三次、第四次、第五次和第六次,然而每次結果都一樣,原封不動的一個大麻風病人。一些站在河岸邊觀看的人也許會說——就像今天我們有人肯定會說那樣,「那個人已經失去理智了!」

當他第六次上來時,他看著自己說:「不見好!我把自己搞成什麼樣的傻瓜!這些傢伙們該怎麼笑話我!我不想讓大馬士革的將軍和貴族知道,我在約旦河裡作戲作給全世界看。不過,既然我已經下了六次了,那我就下第七次吧。」

他還不是信心全失。他就第七次下水,接著上來。他看著自己,高興地大叫起來。「我全好了!我的麻風病好了,徹底好了!我的肉恢復得像幼童一樣!」只要還剩下一小塊大麻風,那還能算是神嗎!

假如我們可以問乃縵的感受,他也許會說:「我的感受如何?這是我一生中最快樂的一天!我原以為我在戰場上大獲全勝的那一天是我一生中最快樂的一天。我以為我再也不會那麼開心了,但與此時相比,那根本算不上什麼。我的麻風病已完全好了。我是完人一個,我已被潔淨了!」

乃縵先是脾氣喪盡,然後是失去驕傲,最後是除去麻風病。這通常是驕傲、叛逆的罪人皈依的順序。

他從約旦河裡上來，穿上衣服，去見先知。起初他對以利沙很惱火，但當他被潔淨時，他怒氣全消。乃縵想付錢給以利沙。乃縵想付治病的錢。當今的人們也想做同樣的事情。如果先知收下任何報酬，那就會玷污了恩典的故事。主來拯救你，不收取任何費用。救恩*不用銀錢，不用價值*（以賽亞書 55：1）。先知以利沙拒絕接受任何報酬，但我可以想像，沒有人比他更歡喜。

乃縵回到大馬士革時，與離開大馬士革時判若兩人。他腦海中的烏雲消失了；他不再是一個麻風病人，害怕死於這令人討厭的疾病。當他遵行神人所吩咐的，他把麻風病在約旦河中洗淨了。

如果你順服神的呼召，即使在這一刻，你的罪惡重擔就會從你身上卸下，你就會被潔淨。所有這一切都是經信心和順服來完成。

讓我們看看乃縵的信使他認知了什麼。*乃縵帶著一切跟隨他的人回到神人那裡，站在他面前，說：「如今我知道，除了以色列之外，普天下沒有神。現在求你收點僕人的禮物。」*（王下 5：15）

請特別注意*我知道*整個詞。此處沒有猶豫，也沒有限定表達式。乃縵沒有說，「我想」。他說：「*我知道*有一位神有能力潔淨麻風病。」

這裡還有另一個想法：乃縵在撒瑪利亞只留下一件東西，那就是他的大麻風。神希望你留下的唯一一樣東西就是你的罪，可惜的是，這似乎是你唯一捨不得放棄的東西。

「哦，」你說，「我喜歡麻風病。它是如此令人愉快，我不能放棄它。我知道神要把它拿走，這樣祂就可以讓我潔淨，但我不能放棄它。」你愛麻風病居然瘋狂到這種程度，可惜的是，那就是你的現況。

「是這樣，」有人說，「我不相信有突然的轉變。」你真是這樣嗎？乃縵用了多長時間才得痊癒？他第七次下去，麻風病就跑掉了。讀一下聖經中記錄的偉大轉變：大數的掃羅，撒該，以及許多其他人。主用了多長時間來改變他們？他們都是在一瞬間改變了。我們生在罪孽中，在罪孽中被塑造，死在過犯罪惡之中；但是當屬靈的生命來臨時，它是瞬間到來，我們就從罪和死亡中解脫了。

當乃縵回到家時，我相信他的房子裡寂靜無聲。我可以看到他的妻子，納曼夫人，一直在窗口眺望等著他，心裡忐忑不安。「夫婿，怎麼樣？」她問。我可以看到淚水從乃縵臉上淌下，當他回答說：「感謝神，我很好。」當即，他們緊緊擁抱，互相傾訴著喜樂和歡快。僕人們和主人、女主人一樣高興，因為他們一直急切地等待著消息。乃縵擺脫麻風病之後，整個亞蘭沒有比他更幸福喜樂的家庭。

所以，我的朋友們，當你們今天擺脫了罪惡的麻風病時，你們的家庭亦將如此。不僅在你們的心中和家中會有喜樂，而且在天上的聖徒中間也會有喜樂。

有一次，當我走在街上時，我耳聞一群人大聲笑著說話。其中一個說：「哈哈，不會有什麼不同；一百年以後，還是照樣。」

我腦海裡閃過一個念頭,「不會有什麼不同?一百年後你會在哪裡?」

年輕人,請捫心自問:「我會在哪裡?」你們這些活著的人中間的一些人,也許十年後會進入永恆。你會在哪裡——是在神的左邊還是右邊?我不能替你回答,但我必須為自己回答。我問你:「你將在哪裡度過永恆?一百年後你會在哪裡?」

我曾經聽說一個人從歐洲大陸到英國,隨身帶著皇帝寫給一些著名醫生的信。信中說:「這人是我的私交,我們擔心他會失去精神控制。請為他盡你所能。」

醫生問他是否在他本國失去了至友,或者重要的職位,或者,有什麼事讓他心煩意亂。年輕人說:「沒有,但是我的父親、祖父,還有我自己從小就是無神論者,在過去的兩三年裡,有個想法一直困擾著我:我將在哪裡度過永恆?這個想法晝夜不離我。「

醫生說:「你找錯醫生了,但我會告訴你一個能醫治你的醫生。」他告訴他有關基督的事,並讀給他聽《以賽亞書》五十三章。*哪知他為我們的過犯受害,為我們的罪孽壓傷。因他受的刑罰我們得平安,因他受的鞭傷我們得醫治*(賽 53:5)。

年輕人問道:「醫生,你相信嗎?」

醫生說他信,接著他祈禱並與年輕人反復交談。終於,各各他山的真光照亮了年輕人的靈魂。他終於解決了徘徊在他腦海中的問題:他將在哪裡度過永恆。我請你,罪人,現在就解決這個問題。這將由你自己決定:是和眾聖徒、殉道者和先知在一起，還是在地獄的黑暗洞穴中，被永遠的痛苦和黑暗所包圍？趕緊做個聰明人吧，*我們若忽略這麼大的救恩，怎能逃罪呢？*（來 2：3）

一天，在我們芝加哥的教堂裡，當我剛結束聚會時，有一位年輕的士兵站起來，懇求人們立即為基督做出決定。他說他剛剛經歷了一個黑暗的場景。同他一起入伍的，他的一個朋友的父親，常常敦促他朋友成為一名基督徒。而這位朋友總是回答說，戰爭結束後，他會的。

結果這位朋友負了重傷，被送進醫院。不幸的是，他的情況越來越糟，逐漸到了死亡的邊緣。有一天，就在他去世前幾個小時，他收到一封來自他姐姐的信。但他太虛弱了，無法打開信閱讀。哦，這是一封如此誠懇的信！那年輕的士兵給他念了一遍，可是那垂死的人似乎沒有聽懂，因為他實在太虛弱了，直到最後一句話說：「哦，我親愛的兄弟，當你收到這封信時，你不接受你姐姐的救主嗎？」

奄奄一息的人就從床上跳了起來，說：「你說什麼？你說什麼？」然後，他又倒在枕頭上，無力地喊道：「太遲了！為時已晚！」

我親愛的朋友們，感謝神，今天對你們來說還為時不晚。主正在呼喚你。讓我們每一個人，無論老少，無論貧富，立刻來到基督面前，祂會除去我們所有的罪。不要再等待所謂的感受，而要立即順服。如果你願意的話，你可以相信，你可以委身，你可以抓住永生。難道，你還要猶豫嗎？

第四章

尼希米

堅定不移的異象

現在，我想請你注意先知尼希米。我們可以從這位成就卓然的傑出人物那裡得到一些幫助。他是最後的先知之一，據說是和瑪拉基同時代。他的書是舊約最後幾部書之一。他也許認識但以理，因為，當但以理這位傑出敬虔政治領袖處在衰老的歲月時，他正當是風華少年。我們可以確信一件事：尼希米是一位重金難買的人。儘管他在波斯宮廷中的偶像崇拜者中長大，他的品格一直未受玷污。

請注意，他在禱告中承認以色列背離了神（尼 1：4-11）。我們常常需要知罪認罪，才能與神親密相交。我毫不懷疑，許多基督徒都希望得到個人的祝福，並渴望與神更加親近。如果那是你內心的渴望，你必須記住，有一些障礙是你可以去除的，除非你除去這些障礙，否則你不會得到祝福。我們必須與神合作，才能得到神的祝福。

若我內心有什麼罪是我不願拋棄的，那我根本就用不著禱告，求神祝福。打個比方，你可以拿一個瓶子，用木塞塞緊，然後把它放在尼亞加拉大瀑布下面，即使水的容量有如此巨大，卻連一滴都不會進到瓶子裡。若我心裡有什麼罪是我不願意拋棄的，我就不要想期待神的祝福——神的祝福無法進入你的心靈。而那些在禱告中與神同在的人總是從認罪開始。

以耶利米和但以理的禱告為例。耶利米呼求耶和華說：*耶和華啊，我們承認自己的罪惡和我們列祖的罪孽，因我們得罪了你*（耶 14：20）。耶利米承認人民的罪，好像他是有罪的人之一。

看看大衛如何承認自己的罪，以及他如何從神那裡得著的能力（詩 32，51）。但以理承認了他的罪，雖然他自己沒有任何罪名被記錄在案——但他承認自己的罪和人民的罪。請注意，但以理如何承認他的罪和人民的罪，和他如何從神那裡獲得極大的能力。

> *我向耶和華我的神祈禱、認罪，說：「主啊，大而可畏的神，向愛主守主誡命的人守約施慈愛。我們犯罪作孽，行惡叛逆，偏離你的誡命、典章，沒有聽從你僕人眾先知奉你名向我們君王、首領、列祖和國中一切百姓所說的話。*
>
> *主啊，求你按你的大仁大義，使你的怒氣和憤怒轉離你的城耶路撒冷，就是你的聖山。耶路*

撒冷和你的子民，因我們的罪惡和我們列祖的罪孽被四圍的人羞辱。我們的神啊，現在求你垂聽僕人的祈禱懇求，為自己使臉光照你荒涼的聖所。我的神啊，求你側耳而聽，睜眼而看，眷顧我們荒涼之地和稱為你名下的城。我們在你面前懇求，原不是因自己的義，乃因你的大憐憫。求主垂聽，求主赦免，求主應允而行，為你自己不要遲延，我的神啊，因這城和這民都是稱為你名下的。」

我說話，禱告，承認我的罪和本國之民以色列的罪，為我神的聖山在耶和華我神面前懇求。我正禱告的時候，先前在異像中所見的那位加百列奉命迅速飛來，約在獻晚祭的時候，按手在我身上。（但 9：4–6，16–21）

對我們來說，如同尼希米那樣開始是一件好事——從禱告開始。也許有差事要來拜見波斯國王，有人從尼希米的本國來到波斯宮廷。深受波斯王器重的尼希米會見了他們，當得知他們是從耶路撒冷來的，就打聽他自己的國家（尼 1：1–3）。他不僅愛他的神，也愛他自己的國家。

我樂見一個愛國的人。尼希米向來者們詢問了他的人民和他心中的耶路撒冷城。他從未見過這座城市。他在耶路撒冷沒有親戚。尼希米不是猶太王子，儘管一般認為他有皇室血統。他是在被擄中出生的。他的出現，是在耶路撒冷被佔領後大約一百年。他在亞達薛西的宮廷中擔任國王的酒政，身居高位。然而，他渴望聽到來自家鄉的消息。

當那些人告訴他這座城市的惡況：人們處在痛苦貧困之中，有迫切的需要；城牆倒塌，城門被燒毀，且尚未修復時——尼希米的愛國心開始燃燒。聖經告訴我們，他禁食、祈禱、哭泣；他不只是祈禱了一個星期、一個月，他連續不斷地祈禱。他*晝夜祈禱*（尼 1：6）。

當然，他有許多職責要履行，不能總是跪在地上祈禱，但在他的心中，他總是站在施恩寶座前祈禱。對他來說，他深深理解並遵守誡命：*不住地祈禱*（帖前 5：17）。他以禱告開始事工，並在禱告中繼續事工，他最後記錄的話語更是禱告（參 尼 1：5-11）。

那些來訪者是在十一月或十二月上波斯宮廷的，而尼希米一直祈禱到三月或四月才與王說話（尼 1：1；2：1）。因此，如果你今晚沒有得到祝福，明天更努力地祈禱，如果明天沒有祝福，那就更努力地祈禱；只要祝福未到，就繼續祈禱；你不會失望的。天上的神會聽你的祈禱，祂會回應祈禱。如果一個人真誠地祈禱，虔誠地認罪，神從來沒有不回應的。信心生忍耐。按奧古斯丁[12] 的說法，神從不草率行事，因為祂要做的事工是永恆的。

12　奧古斯丁（Augustine，354 – 430）。羅馬天主教主教、神學家、哲學家。

《尼希米記》第一章記有這位神奇之人的禱告。他的禱告歷代相傳，對無數的人產生極大的影響和幫助：

> *「耶和華天上的神，大而可畏的神啊，你向愛你守你誡命的人守約施慈愛，願你睜眼看、側耳聽，你僕人晝夜在你面前為你眾僕人以色列民的祈禱，承認我們以色列人向你所犯的罪。我與我父家都有罪了！我們向你所行的甚是邪惡，沒有遵守你藉著僕人摩西所吩咐的誡命、律例、典章。求你記念所吩咐你僕人摩西的話說：『你們若犯罪，我就把你們分散在萬民中。但你們若歸向我，謹守遵行我的誡命，你們被趕散的人雖在天涯，我也必從那裡將他們招聚回來，帶到我所選擇立為我名的居所。』這都是你的僕人、你的百姓，就是你用大力和大能的手所救贖的。主啊，求你側耳聽你僕人的祈禱和喜愛敬畏你名眾僕人的祈禱，使你僕人現今亨通，在王面前蒙恩。」（尼 1：5–11）*

當他剛開始禱告時，我不認為他認定自己是神手中的器皿，用來重建耶路撒冷的城牆。但是，當一個人與神的意念合一、默契時，神就裝備他，使他能勝任所分配的工作。毫無疑問，他一開始認為波斯國王可能會派一位勇士，帶著一支龐大的軍隊，來完成這項工作，但在他祈禱了幾個月之後，他也許想,「我為什麼不自己去耶路撒冷建造那些牆?」為工作禱告很快就會激起你的同情和努力。

尼希米放棄書珊王宮和高位,與被鄙視和被擄的猶太人認同,這對他來說意義重大。他在整個王國中位居最高。不僅如此,他還是個有錢人,生活安逸富裕,在朝廷中頗有影響力。對他來說,去耶路撒冷,失去自己的地位,就像摩西拋棄了法老的宮殿,將自己與希伯來奴隸等同起來。但是,若他們不這樣做,我們也許就永遠不知其名。他們謙卑自己去戰勝困難,當你謙卑自己時,神就會祝福你。

柏拉圖[13](Plato)、蘇格拉底[14](Socrates)和其他希臘哲學家與尼希米是同一世紀的人。過去兩千年裡,只有為數不多的人聽說過他們的名字並讀過他們的著作,而知道尼希米的名字和讀過尼希米書的人則有千百萬。如果我們要在世上得到祝福,就必須接受神賜給我們的任何位置。

就這樣,尼希米禱告一段時間後,他開始祈禱求神差遣他,讓他成為重建耶路撒冷城牆的人。有一天,他在宴會廳裡,國王註意到他的臉色很悲哀。我們也許不會說這張臉很悲傷,但是祈禱和禁食確實會改變一個人的容貌。我認識一些敬虔的男士和女士,他們看起來整個人就好像有天堂的印記那樣。國王註意到這酒政的神色有些與眾不同,便問他何因。然後,尼希米就將事情的來龍去脈告訴國王,

---

13 柏拉圖(Plato, 429BC-347BC), 古希臘哲學家。

14 蘇格拉底(Socrates, 470BC-339BC),古希臘哲學家。

是什麼原因使他感到悲傷——他的母國如今破碎潦落，他正為母國的困境心碎。國王便問道：「你有何要求？」

有些人說他們沒有時間禱告，然而我說，假如有人心靈深處有神在作工，他就有時間禱告。就在波斯王的宴會廳裡，尼希米向天祈禱，求主幫助他以恰當的方式向波斯王提出請求。我毫不懷疑，他首先將目光越過亞達薛西王，定睛在萬王之王。我們不需要很長很長的禱告。私下禱告多的人就會在公開場合作簡短的禱告。

主告訴尼希米求什麼——他要求被差派前往本國，而且一些人將和他一起前往，亞達薛西王讓他捎帶詔書給他經過的省份的總督，這樣他在旅程中可以得到大力資助，能夠幫助他重建耶路撒冷城牆。神一直在預備國王，所以國王當即就答應了尼希米的要求；不久，尼希米踏上前往耶路撒冷的路。

當他到達耶路撒冷城時，他沒有差派大批人馬在前面吹號，大聲宣布那偉大的波斯國王的酒政，心意更新的酒政，已從波斯宮廷抵達此地，準備重建耶路撒冷的城牆。我們有些人總喜歡高談闊論他們將要做什麼。讓你的業績自己說話。你不用打鼓吹喇叭；只要去做，事情自己會做廣告。尼希米沒有報紙或廣告牌來宣傳他。當然，也不是沒有一點動靜。毫無疑問，全城的人議論紛紛，都說波斯宮廷來了一位要人。但他在那里三天三夜，沒有告訴任何人他來的原因。

一天晚上，他出去巡視這座城市。他試圖騎馬繞著耶路撒冷的城牆走，但途中因廢墟受阻，只好下馬步行。擺在他面前的是一項艱鉅任務，然而他並不氣餒。性格就是這樣被塑造的。我們需要的，是那些身處逆境尚能得勝的人。很多人找容易的地方落腳行事，但他們永遠不會被世界所認知。我們需要那些明知山有虎，偏向虎山行的人，願意去到地球最黑暗的角落，讓那些黑暗的地方變成像百花綻放的花園一樣。如果主與他們同在，他們就定能做到。

在尼希米麵前，一團漆黑。城牆倒塌頹廢。人民中沒有一個有影響力的人，也沒有一個有文化或財富的人。四周的列國都看不起這些軟弱淒慘的猶太人。當今，許多教會也是如此。牆都倒下來了，人人都說牆沒有用；兩手一攤，任其自然。所有這一切都對尼希米不利，但他是一個靈魂裡有神之火的人。他來就是要重建耶路撒冷的城牆。

假如我們能看透他的腦袋，就會發現耶路撒冷印在他的大腦裡。如果我們能深入他的內心，就會在那裡找到耶路撒冷。他是個信心堅定者。他作事異常執著，充滿熱情。我欣賞那些樂意接受單單一項事工的人，並說：「我會去做。我是為這件事而活。這是我決心要做的一件事。」我們往往好大喜功，凡事都想做，結果力薄才疏、勞而無工，以致世界對我們視而不見。

尼希米在城里三天三夜後，召集了以色列的長老，將他來的原因告訴他們。神一直在預備他們，當即他們說，*我們起來建造吧*（尼 2：18）。

自從亞當墮落以來，凡為神所作的工作沒有一件不遇到抵抗的。假如撒但允許我們的事工不受阻礙，那是因為我們的事工毫無意義。在決定重建城牆後，聖經中我們讀到的第一件事：*但和倫人參巴拉並為奴的亞捫人多比雅和阿拉伯人基善聽見，就嗤笑我們，藐視我們，說：「你們做什麼呢？要背叛王嗎？」*（尼 2：19）

這些人異常惱怒。他們對耶路撒冷的生死存亡充耳不聞。這些人是誰？他們是一群混雜的人，*在耶路撒冷無份、無權、無紀念*（尼 2：20）。他們不喜歡看到廢墟的修復，就像今天的人們不喜歡看到基督之道興盛一樣。對抗十字架的罪從來沒有停止過。

若你能召集所有人參與，建造一座城市的城牆並不需要很長時間。若這個國家的基督徒都起來，十二個月內，我們就能向整個美國傳遍福音。所有的猶太人都參加了修復耶路撒冷城牆。每個人——祭司和商賈、銀匠和藥師，甚至婦女——都挨著自己的房子建造城牆。耶利哥和其他城裡的人也來幫忙。城牆開始漸漸升起。

這下可激怒了尼希米的敵人，他們便開始嘲笑。嘲諷是一種強大的武器。*這些軟弱的猶大人做什麼呢？要保護自己嗎？要獻祭嗎？要一日成功嗎？要從土堆裡拿出火燒的石頭再立牆嗎？*（尼 4：2）亞捫人多比雅說，*他們所修造的石牆，就是狐狸上去也必蹺倒*（尼 4：3）。

尼希米很有智慧。他沒有理會他們。他唯向神尋求恩典和安慰：*我們的神啊，求你垂聽，因為我們被藐視。求你使他們的毀謗歸於他們的頭上，使他們在擄到之地作為掠物。不要遮掩他們的罪孽，不要使他們的罪惡從你面前塗抹，因為他們在修造的人眼前惹動你的怒氣*（尼 4：4-5）。

年輕人，你若想在這個世上取得成功，就不要理睬參巴拉或多比雅這樣的人。不要因你那些目中無神的鄰居和同伴的蔑視、嗤笑和嘲諷，就將自己置在神的國度之外，或者放棄積極的基督徒事工。

接下來，這些敵人密謀前來攻打耶路撒冷。尼希米得到風聲，就採取措施來防範。一半人看守，另一半人一手拿劍，一手持鏝。那時候沒有八小時工作日；他們一直當班——從早晨太陽升起一直到夜間星星出現。除了脫下來洗之外，他們衣不離身。試想一下，這個從奢華的波斯宮廷來的人，五十二天來，穿著相同的衣服生活和睡覺！然而，他認真執著。這就是我們需要的！我們需要的，是那些不分晝夜將一件事堅持幹到底的人。

所有的人都被吩咐住宿在城內，這樣，他們就能隨時待命做工和戰鬥。要是我們能讓所有屬於教會的人都能進來參於事工，那就好了。「這樣的教會有福了，」有人說，「像這樣教會培養出來的工人們能善用聖經，因此，在努力建造福音牆的同時，如有需要，他們便能參加戰鬥。」我們都應該準備好隨時使用聖靈的寶劍。

過了一段時間，有人寫了一封友好的信，要尼希米到阿挪平原，進行友好的討論（尼 6：1–7）。魔鬼的傑作就是讓人們進行所謂友好的討論。那時候，尼希米沒有打字機，也沒有打印的套用信，但他的回信總是：*我現在辦理大工，不能下去。焉能停工下去見你們呢？*（尼 6：3）

有多少教會，多年來因不得不下到「阿挪平原」進行友好的討論，而將「當今的問題」擱置一邊，從而忽視了世界的拯救。尼希米有一個很好的策略：*我現在辦理大工，不能下去*。如果神派你建造耶路撒冷城牆，那你就專心一致地去建造。

這些傢伙又給他發了一封信，他就又回了信：*我現在辦理大工，不能下去*。他不信任「下來」的邀請。他們又給他寄了一封信，他也回了同樣的言詞。他們給他發了第四封信，結果相同。這些人計謀在路上殺了他，但他們無法讓他下到阿挪平原來。

我見過許多基督徒落在阿挪平原上——他們原本做著出色的工作，卻分了心，偏離正道。想一想本國的禁酒運動，有多少倡導者，因為捲入到政治之中或轉而討論其他問題，忽視了中心工作。舉基督教青年會（YMCA）為例，有多少次，因熱衷於其他話題而受到牽制，放棄了在一個失落的世界面前高舉基督？教會若專心一致地建造耶路撒冷的城牆，城牆很快就會建成。我們所要對付的是一個精明的惡魔。你意識到了嗎？如果他能讓教會停止事工，來討論這些無關緊要的問題，他就如願以償。

尼希米的敵人又給他寫了一封公開信。他們在信中寫道，他們要向國王報告，因為聽說尼希米要另立一個王國來對抗波斯王國。背叛的名聲很臭，但尼希米已將自己獻給主，他就繼續建造城牆。

然後，尼希米的敵人僱傭了一位先知——尼希米的朋友。一百個外敵都不如一個內敵那麼難對付——一個假朋友。當一個神的孩子被魔鬼掌控時，比起魔鬼本身，那個人具有更大的殺傷力。誘惑，當以虔誠的外表出現在我們面前時，就沒有比此更危險了。多比雅和參巴拉賄買了一位先知，僱用他，試圖讓他說服尼希米進到聖殿裡面，以便在那裡將尼希米處死。那先知說：「尼希米，我知道有一個要殺你的計劃。進到聖殿來吧。我們進去，然後在那裡過夜。」

尼希米沒有受騙，他說，*像我這樣的人豈要逃跑呢？像我這樣的人豈能進入殿裡保全生命呢？我不進去！*（尼 6：11）謝絕邀請後，他才知道這人是假先知。因此，他立場堅定，在五十二天內成功地建造了耶路撒冷的城牆。接著，城門也造好了，大功告成。

多少世紀以來，這個故事一直被傳講。如果尼希米留在波斯宮廷，他可能會以百萬富翁的身份去世，然而，甚至在他死後二十年，他的名字也恐怕無人所知。你知道尼尼微[15]（Nineveh）百萬富翁的名字嗎？而尼希米從高位降到低位，被世人看不起，皺眉頭；但是，多少世紀以來，他的名字一直與耶路撒冷的城牆聯繫在一起。

15　尼尼微（Nineveh）為古代新亞述帝國的重鎮之一。聖經中的尼尼微是一座充滿罪惡的城市，參見《約拿書》。

年輕人，如果你想獲得永生，就當和神同工，甭管周遭的人怎麼嚷嚷。尼希米和他的同伴們從日出開始作工，直到天黑伸手不見五指。一個人一年四季都從事神的工作，從冬天到夏天，年終前定會有收成，他的記錄，在他離世進入另一世界後，仍將發光。

接下去，尼希米組織了一場大型露天聚會，向會眾宣讀摩西律法。那建成的木頭講台大到足以容納文士以斯拉和其他十三人。百姓聽到律法的話就痛哭流涕，但尼希米對百姓說，不要悲哀哭泣。……*你們去吃肥美的，喝甘甜的，有不能預備的就分給他，因為今日是我們主的聖日。你們不要憂愁，因靠耶和華而得的喜樂是你們的力量*（尼 8：9–10）。

他沒有忘記窮人。勤讀聖經、不忘窮人——信仰和行為的結合——將一定帶來喜樂。

隨後，尼希米開始治理這座城市，糾正他所發現的虐待行為。他召集了大約五十名祭司和文士，立了約，讓他們簽名蓋章。我想提請注意該約中有五件事：

第一，不可將自己的女兒嫁給異教徒（尼 10：30）。一直以來，他們違反神的律法，將女兒嫁給了不信神的人。神禁止他們與迦南地的異教民族通婚，*因為她必使你兒子轉離不跟從主，去侍奉別神，以致耶和華的怒氣向你們發作，就速速地將你們滅絕*（申 7：4）。我認識許多因與不敬虔的人認同而失去力量的人。如果你想得到神的祝福，就必須非常小心你的盟友。當猶太人與周邊的民族通婚時，他們總是遇到麻煩。亞哈和所羅門家族因此罪而失去王國。

這也是大衛王國被推翻的原因。那為財富而結婚，將敬虔的嫁給不敬虔的家庭，總是給自己帶來痛苦。

接下來，尼希米要他們在守安息日的約上簽名——絕不在安息日做買賣。想一想這個在沒有安息日的異教環境中長大的人，竟然來到耶路撒冷執行摩西的律法！據記載，有人在安息日把魚運來賣，尼希米不讓他們進城，魚就變質了（尼 13：16–20）。嘗試了幾次之後，這些人就放棄了。若你願意為神站穩立場，即使你開始獨自一人，用不了多久，有人就會與你站在一起。神與尼希米站在一起，祂在他前面開路。

唯有當我們有大批有足夠勇氣的人，站出來反對錯誤的東西，我們這個國家才會有敬虔完美的氛圍。即使有些風俗有著上百年的歷史，那也沒關係；只要你知道那是錯誤的，就要採取反對立場。比如說你去參加聚會，聚會間喝葡萄酒和香檳很時髦，但是你可以拒絕喝酒，或者，你被邀請去的地方有酒供應，你可以跟他們說你不會去。

幾年前，一位男士問我：「慕迪先生，既然我歸正了，我就必須擯棄這個世界嗎？」

我說：「不對，你不必擯棄這個世界。如果你能為神的兒子作一個很好的見證，世界就會很快放棄你；他們根本不希望你在身邊。」

芝加哥有一個酒吧和台球場剛開業時，要舉行一場盛大慶祝活動——地點就在我居住的芝加哥城北部。這地方即將成為通往死亡和地獄之門——芝加哥最糟糕的地方之一。也許是開玩笑，他們居然給我發了邀請函，邀我去參加開幕式。我拿了請柬就去了，見到了酒吧的兩個老闆。我問他們：「你們真的是邀請我嗎？」

他們說是。

「謝謝兩位，」我說，「我會來參加。這裡如果有什麼我不喜歡的地方，我可是有話要說。」

他們說：「你不會講道吧，是吧？」

「我也許會。」

「那我們不要你來。我們不會讓你進來的。」

「那你們打算怎麼把我擋在門外？」我問。「這可是你們的請柬呀。」

「我們會派一名警察守在門口。」

「我手裡有這個邀請函，那警察能拿我怎麼辦？」

「我們不會讓你進來的。」

「好吧，」我說，「你們等著吧，我會來的。」

我著實嚇唬了他們一下，然後我說：「對這事兒我願意妥協；如果你們兩人跪下來，讓我跟你們一起祈禱，我會放過你們。」

結果，那兩個賣酒的人跪了下來，一邊一個，跪在我身邊；我就向神祈禱，求神拯救他們的靈魂，求神讓他們的生意潦倒。倆人中有一位的母親是基督徒，那人似乎還有些良心。禱告完後，我說：「你們怎麼能做這個生意？怎麼敢把這個地方開放，用來毀掉芝加哥的年輕人？」

不到三個月，整個生意就崩潰了，其中一位在那之後不久就歸正了。從那以後，我也再沒有被邀請去過酒吧。

你不必擯棄這個世界，遠非如此。如果你去參加團聚，聚會上有酒，你只需起身離開即可。你不必成為聚會的一員。這就是我們需要的那種人。當你發現任何危害同胞的東西，就要和它戰鬥到底。

尼希米說：「我們不會褻瀆安息日。」今天，人們隨心所欲地不守安息日，難怪他們沒有屬靈的力量。

當今的問題是，對某些人來說，雖然自己是基督徒，但沒有任何意義。我們必須在這個國家擁有更高境界的基督教。我們要一個包含克己原則的基督教。我們必須否定自己。如果我們想要有力量，就必須拋棄自我。

以色列人接下來要做的事情（請記住，他們必須簽這個約才行），是要讓他們的土地得到休息。四百九十年來，他們的土地不得安息，神就把他們帶到巴比倫，達七十年之久，讓土地得安息。同樣，一個每週工作七天的人，其壽命會少去五到十年。你不能佔神的便宜。為什麼有這麼多的鐵路主管和醫生早逝？就是因為他們每週工作七天，沒有安息日。尼希米要以色列人起誓遵守摩西的律法。如果地球上的每個國家早就遵守這條律法，那麼早在我寫這本書之前，真理就已傳到地球的每個角落。

然後，尼希米要他們簽一個不放高利貸的約。借錢放高利貸是榨壓窮人。我認為，今天我們這個國家處於如此悲慘狀態的原因，就是因為欺壓窮人，從窮人那裡收高利息來獲得巨額資金。人們找法律的漏洞，支付利息，然後，他們給出幾百美元來談判貸款。今天，有大量的高利貸存在。看看我們處在哪裡。看看我們的處境多麼悲慘，不僅是這個國家，全世界都是如此。

尼希米讓他們做的第五件事，是把初熟的果子獻給利未人。他們要給神十分之一——首先的和最好的。只要以色列這樣做，他們就繁榮昌盛，而當他們背棄律法時，就不會興旺發達。你可以回顧歷史，環顧四周，今天，你看到的是同樣的情況。人只要遵守神的律法，敬重神的見證，就會興旺發達；但是，當他們如參孫那樣偏離正道時，就失去了氣力，毫無力量（參 士 16）。

你把這五件事拿去實行，就會在生活中和跟隨神的旨意上獲得成功。你不一定很富有，甚至不一定有一個安逸的生活，但你肯定得到祝福，你會在神的旨意中。讓我們每個人都親自身體力行。如果，這對當時的那些人有益處，那一定對我們也有益處。然而，當我們企圖侵占逃避神的時間和能力時，黑暗、苦難和不幸就會降臨。

第五章
希律和施洗約翰

罪的處理

假如幾年前有人告訴我，說他認為希律王曾經接近到神的國度，我會持懷疑的態度。我會說：「我不相信，那個奪走施洗約翰生命的嗜血蟲，在他的一生中曾嚴肅認真地考慮過他靈魂的福祉。」我之所以持有這種觀點，是因為我忽略了希律王一生中的某個場景。但是，幾年前，當我仔細研究《馬可福音》時，我發現了這節經文：*因為希律知道約翰是義人，是聖人，所以敬畏他，保護他，聽他講論就多照著行，並且樂意聽他*（可 6：20）。

這節經文使我改變了對希律的看法。我看到，他不僅被帶到約翰的聲音所到之處，而且在神的靈的大能下，他的心被感動，他的良心也被喚醒。經文沒有說他在何等情況下聽到了約翰的聲音，但清楚地表明他受到施洗約翰奇妙事工的影響。

讓我首先說兩句有關傳道人約翰。我敢肯定，施洗約翰是這個世界上給人印象最深刻的傳道人之一。今天，幾乎任何人都可以在人口密集的鄉鎮或城市舉行演講會，特別是他能在一座華麗的建築物裡演講，有很好的合唱團伴唱，而且會議已經作了幾週或幾個月的宣傳和準備。在這種情況下，任何有演講天賦的人都會有眾多的聽眾。但約翰的情況卻大不相同。他是把人們引出城鎮，進入曠野。他沒有其他牧師的支持，也沒有對基督事工感興趣的商人與他一起工作，更談不上有報社記者記下他的講道，並將講道內容印發出去。他是一個無名人士，沒有任何頭銜。他不是一個得到過神學博士，正經八百的牧師約翰，或冠有諸如此類的頭銜；他就是簡簡單單的施洗約翰。當人們問他是不是以利亞還是耶利米復活時，他說他不是。

「那你是誰？」

「我是*在曠野有人聲喊著*的那一位」（可 1：3）。

他只不過是一個呼聲——讓人聽到而不是看到。他是無名先生。他把自己看成是使者，受來自永恆世界的委託。

聖經沒有詳說他是如何開始他的事工的，或者如何將人群召集起來。我可以想像，有一天，這個陌生人出現在約旦河谷，在那裡，他看到幾個牧羊人正在放牧羊群。當這些牧羊人把走散的羊召喚在一起，這人就向這些人傳道。他告訴他們，天國即將在地上建立，他敦促他們，把自己整頓完善——悔改、轉離他們的罪。傳完信息後，他也許告訴他們，次日他會回來再交談。

當他漸漸消失在荒漠中，我能假定，一個牧羊人對另一位牧羊人說：「他不是一個很奇怪的人嗎？你曾聽過有人像他這樣說？他說話不像拉比、法利賽人或撒都該人那樣。我真以為，他肯定是老先知之一還世。你注意到沒有，他的外套是用駱駝毛做的，腰上還繫著一條皮腰帶？經上不是說以利亞就是這樣穿著的嗎？」

另一位牧羊人說：「你還記得瑪拉基是怎麼說的：在主大而可畏之日未到之前，以利亞會來嗎？我相信這個人是迦密的老先知。」（參　瑪 4：5）

還有什麼能比以利亞的名字更能激起猶太人的心呢？有關約翰出現的消息很快傳遍了約旦河谷。第二天，他回來的時候，人們充滿了極大的興奮和期待，前來聽這位陌生傳道人的講道。基督未來之前，約翰或許只宣講了這段經文：*天國近了，你們應當悔改！*（太 3：2）日復一日，你可以聽到他的呼聲在山谷中迴盪：「悔改！悔改！悔改！君王就在門口。我不知道那天或幾時，但祂很快就將來臨。」

不久，一些前來聽他講道的人想要受洗，他就領著這些人到約旦河為他們施洗。消息傳遍了周圍的村鎮，沒過多久，就傳到了耶路撒冷。然後，城裡的人湧向曠野，前來聆聽這位講道王子的佈道。他的名聲傳到了加利利，山上的人成群結隊地下來聽他講道。人們將漁船泊在湖上，上岸聆聽這位傑出的傳教士的佈道。在他人氣最旺的時候，每天可能有兩三萬人湧來參加他的聚會。

毫無疑問，有些老愛抱怨的人說，這不過是一時衝動而已。「想在那裡找到我？不，先生；我從不喜歡感情衝動的講道。」正如今天一樣，當採取一些特別嘗試去努力接觸民眾時，有些人會說：「這只會造成很大的傷害。」

我真盼望，所有發牢騷的人在猶大王國那一代人中就消亡了。可惜的是，我們仍然有很多這些人的後代。我敢冒昧地說，你一定碰見過他們。難道不是嗎，我親愛的朋友們，威士忌酒吧和啤酒吧在一個晚上那種興奮高亢的程度，比所有的教堂在一年內的積極興奮的程度加起來，還綽綽有餘；但從來沒見有人抱怨。在施洗約翰的傳道下，接著在基督的傳道下，以色列必定引起巨大的轟動！整個國家因強烈的興奮而震撼。記住，不要害怕宗教上的一點點小小的激動；它不會傷害人。

那些倚老賣老的法利賽人和文士抱怨約翰是一個「招搖過市」的傳道人，說：「這事折騰不了幾天。」當希律將施洗約翰斬首時，他們就說：「我不是早就告訴過你嗎？」

我們不能急於做出結論。今天，施洗約翰比過往任何時候更加活生生地活在我們中間。他的呼聲依然響徹世界。他只傳了幾個月的道，然而一千九百多年來，他的佈道不斷重複、成倍增長，只要世界還存在，他話語的力量就永遠不會消失。

我可以想像，當約翰的聲望達到頂峰時，希律坐在耶路撒冷的宮殿裡向約旦河谷遠眺，他可以看到天天人流如潮。他開始問這是怎麼回事，結果消息傳來，說是有關這位陌生而強大的傳道人。也許有人報告說約翰在宣揚叛國罪——說有一位國王近在咫尺，正準備建立祂的王國。

「王即將到來！如果是凱撒來了，那麼我應該早就听說了。除了凱撒，別無國王。我必須調查此事。我要去約旦河，親自聽聽此人在說什麼。」

有一天，當約翰站在那裡講道時，聽眾的目光都集中在他身上，人們被他的雄辯所動，如風吹樹梢一般。突然，他一下子就失去聽眾的注意力。所有人的目光都朝著耶路撒冷城的方向看。有人喊道：「看，看！希律王來了！」

很快，全會眾都知道了，都非常激動。

「我估計他會停止傳道，」另有人說。

假如他們如同我們一樣，有時遇到的一些妥協、軟弱的基督徒，這些基督徒也許會對約翰說：「不要談那即將到來的君王；希律肯定不會容忍。談談悔改。如談即將到來的君王，在希律耳中，那是嚴重的叛國罪。」

我想，若有人敢給約翰提這樣的忠告，約翰會回答說：「我收到的信息來自天堂；希律與我何干？」

我彷彿看見，當約翰站在那里大聲疾呼，呼籲人們悔改時，希律在他的衛兵圍繞下，全神貫注地聽著，想從傳道人的話中找到破口。最後約翰說：「君王現在就在門口。祂將建立祂的王國，將麥子與糠秕分開。」

我可以想像，希律王自言自語：「我要在二十四小時內砍掉那個人的腦袋。如果我願意，我此時此地就可以把他捉拿下來。不管怎樣，我明天會在人群聚集之前把他捉拿起來。」

希律正聽著時，人群中有些人可能已經挨近約翰，前來問他問題。其中有些兵丁問約翰，*我們當作什麼呢？*

約翰說，*不要以強暴待人，也不要訛詐人，自己有錢糧就當知足*（路 3：14）。

「這個建議很好啊，」希律王可能想。「我和這些人有過很多麻煩，如果他們能聽從這傳道人的建議，那他們將成為更好的士兵。」

然後，一些稅吏前來受洗，希律王聽到他們問約翰，*我們當做什麼呢？*（路 3：12）

約翰告訴他們，*除了例定的數目，不要多取*（路 3：13）。

「哈，」希律王可能會說，「這是絕佳的建議。這些稅吏們總是收稅過重。如果他們按照傳道人所說的去做，人們的生活就會更滿足。」

然後，約翰向人群中的法利賽人和撒都該人大聲喊道：*毒蛇的種類！誰指示你們逃避將來的憤怒呢？你們要結出果子來，與悔改的心相稱！*（太 3：7-8）

希律也許對自己說：「我喜歡他這樣說。我很高興他嚴厲地譴責這些人。我可以先放他一馬。」

於是，希律打道回府。我想像，那天晚上，他久久不能入眠。他一直在想當天所聽到的信息。當聖靈衝擊人的良心時，人就常常難以入眠。希律無法忘記這位曠野傳道者和他的信息。真理已經進到他的靈魂，在他心中不斷地迴盪：*天國近了，你們應當悔改！*也許他自語：「我今天出去，是代表了羅馬帝國；我明天會代表我自己去聽。」

他也許去了一次又一次。我的經文說他*樂意聽他*，保守他並敬畏他，*知道約翰是義人，是聖人*。他內心深處一定知道約翰是天賜的使者。

假定你在那些日子裡進了宮殿，你也許會聽到希律除了談施洗約翰以外，別無他人。他會對同僚說：「你到曠野去聽那個傳道人講道了嗎？」

「沒有啊；你去了嗎？」

「是的。」

「什麼？你，羅馬總督，會去聽這個未按立的傳道人講道？」

「是的，我去了好幾次。我寧願聽他講道——他勝過任何人。他不像普通傳道人那樣傳道。從來未有任何人講道對我有如此大的影響力。」

你會以為希律王是一個很有希望的人。他行了很多事。或許希律不再詛咒了。他也許停止賭博、不再醉酒了。他身上似乎發生了奇妙的變化。也許他有一段時間不再受賄了；儘管後來我們還是把他逮住了，但他也許暫時收斂了。他好像在某些方面變得非常有德行。看起來，他真得就像距天國咫尺之遙。

我彷彿看到，有一天，當約翰站在那裡講道時，真理觸及人們的心靈和良知，從天來的力量正降臨在他們身上。約翰的一個門徒站在希律的戰車旁，看到這位羅馬總督眼裡含著淚水。佈道結束後，那個門徒走到約翰面前說：「我今天站在希律身邊，沒有人比他更為觸動。我可以看到他在流眼淚，他還時不時把淚抹掉以防掉下來。」

你是否曾見過一個人在宗教聚會上試圖讓眼淚止住？你會注意到他的前額好像發癢，他舉起手抓撓。你也許知道他為什麼這麼做；其實他是想遮蓋他在流眼淚。他認為男子漢流眼淚是個弱點，但事實並非如此。有些人愚蠢地認為喝醉酒、虐待家人不是軟弱的表現，流淚才是軟弱的表現。

所以，約翰的門徒可能注意到希律多次把手放在他的額頭上，不想讓兵丁和近旁的人看到他在流淚。門徒對約翰說：「看來他臨天國近了。我相信，你很快就會讓他成為天國尋求者。」

當一個人喜歡聽約翰這樣的傳道者講道時，這肯定是一個充滿希望的跡象。希律很有可能在基督受洗的那天在場。假如希律當時在場的話，那麼他被提升到如此接近天堂難道還有疑問？我可以看到約翰被一大群信他的話的人包圍著。忽然間，約翰那從未退縮的眼神，變得異樣起來。他臉色發白，身子往後退了一步，好像發生了什麼神奇的事情；話說到一半，他就打住了。

要是我突然臉色發白不再說話，你就會問：「死神爬上講台了嗎？這說話人的舌頭僵住了？」因此，當約翰停下來的時候，觀眾必有很大的騷動。施洗約翰的眼睛緊盯著一位從人群中擠過來的陌生人。這位陌生人走到約翰面前，要求受洗。這是很常見的事情。在過去的幾個星期裡，天天都有發生。然而，約翰聽了陌生人的話，他非但沒有去約旦河給他施洗，反而說，*我當受你的洗*（太 3：14）。

觀眾們必定是萬分激動。我彷彿聽到，有人對另一個人悄悄地說：「我相信，那就是彌賽亞。」是的，這就是人們盼望已久，這個民族已經等待了數千年的那一位。自從神在伊甸園向亞當作出應許以來，每一個真正的以色列人都在尋找彌賽亞，而祂就在他們中間！

祂（耶穌）堅持要約翰給祂施洗，約翰（又作：先行者）接受祂是主的權柄，把祂帶到約旦河邊，給祂施洗。當耶穌從水里上來時，天開了，神的靈，彷彿鴿子降下，落在祂身上（太 3：16）。挪亞把鴿子從方舟裡放出來，鴿子卻找不到安息之處，但現在神的兒子來遵行神的旨意，鴿子在祂身上找到了安息的地方。聖靈找到了家。神打破四千年的沉寂。有聲音從天上傳來，如果那天希律在那兒，他也應該聽到了：*這是我的愛子，我所喜悅的*（太 3：17）。

即使希律沒有親眼目睹這一幕，沒有親耳聽到這從天上來的聲音，他也一定聽說過此事；因為這事不是在哪個角落裡暗暗完成的。成千上萬的人親眼目睹，消息一定傳遍這片土地的每一個角落。

然而，希律生活在這樣的時代，聽到這樣的傳道人講道，最終仍然錯過了天國。他行了很多事，因為他敬畏約翰。如果他真的敬畏神，他就會行任何善事。他行了很多事，但有一件事他不願做——他不願放棄一樣他所珍愛的罪慾。我傳道的時間越長，我就越相信這就是人們遠離神國的原因。約翰知道希律的私生活，就直截了當地警告他。

假如我所說的那些妥協的基督徒靠近約翰，其中一個會說：「瞧著，約翰；聽說希律非常擔心他的靈魂，問他必須做什麼才能得救。讓我給你一些建議。你千萬不要提及希律的隱秘罪。他和他兄弟的妻子同居，但什麼都不要說，因為他不會容忍的。他背後有整個羅馬政府，如果你提到這件事，你將付出你的生命。你現在與希律談得救的機會甚好；他敬畏你。只是小心點，不要走得太遠，否則他會砍掉你的頭。」

有些人很願意你提起他人的罪，只要你不提他們自己的罪。我妻子有一次教我的小男孩主日學的課。她告訴他，要注意罪是如何滋長成為一種習慣。小傢伙覺得自己跟說的情況太相近了，紅著臉，最後說道：「媽，我覺得你說得真不錯。」

約翰是一位毫不妥協的傳道人，他傳信息直接到位。我不知道兩人是何時或如何獨處一起的，但約翰對希律坦誠相見。他大膽地告訴希律，*你娶你兄弟的妻子是不合理的*（可 6：18）。

此人違反了神的律法，活在遭詛咒的通姦之罪中。感謝神，約翰沒有放過他！約翰為此付出了被斬首的代價，然而，主得著他的心；他視死如歸，不在乎頭落何處。我們讀到的，是希律害怕約翰，約翰不懼怕希律。

我不知道下地獄還有比通姦更快的途徑。沒有人能認為他不用痛心竭力地悔改這罪，就可以進入神的國度。朋友，你認為神不會審判你嗎？聖經不是說通奸的人不能承受神的國嗎？*你們豈不知不義的人不能承受神的國嗎？不要自欺，無論是淫亂的、拜偶像的、姦淫的、做孌童的、親男色的、偷竊的、貪婪的、醉酒的、辱罵的、勒索的，都不能承受神的國*（林前 6：9–10）。

你認為施洗約翰饒了他並掩蓋其罪，他就會成為希律的真正朋友？當約翰警告希律，告訴他必須放棄他的罪時，這難道不是表明約翰真正地愛他嗎？希律以前做過很多善事，樂意聽約翰的講道，但當約翰提到他的罪時，他就不喜歡他。聽一個人講道時譴責別人的罪是另一碼事。人們會說，「那是一次很棒的佈道」，他們希望自己所有的朋友都去聽那傳道人講道。但是，若讓傳道人像約翰那樣處理這些人本身的罪，且當面直說（就像拿單對待大衛那樣），*你就是那人*（撒下 12：7），他們就會說，「我不喜歡那樣。」傳道人觸到了他們的痛處。

當某人的手臂骨折時，外科醫生必須確定骨折的確切位置。他一邊摸，一邊用手指輕輕按壓。

「這裡嗎? 痛嗎?」

「位置不對, 不痛。」

「這裡呢?」

「不對。」

然後, 外科醫生摸到另一個點。「哎喲!」那人叫起來。

醫生按到了骨折的部位, 並且很痛。約翰指出希律的罪愆, 就好像醫生按到了骨折處, 希律因疼痛深為不快。約翰把手按在希律的痛處, 對希律說, *你娶你兄弟腓力的妻子是不合理的*。而希律不想放棄他的罪。

很多人願意進神的國, 條件是, 只要能不放棄他們所喜愛的罪。人們有的時候很納悶, 比穆罕默德早六百年的耶穌基督, 為什麼祂的門徒今天反而比穆罕默德的門徒要少。要解釋這個問題並不難。因為, 一個人成了穆罕默德的門徒, 還可以繼續生活在最骯髒、最黑暗、最深的罪中; 但是, 要成為基督的門徒, 沒有人可以不放棄罪。如果你試圖讓自己相信, 你可以不棄絕你的罪而進入神的國度, 願神揭開你的面具! 難道, 撒旦能說服你, 靈魂深藏奸淫和謀殺罪的希律, 會和施洗約翰一起出現在神國里?

現在, 讓我這樣說吧: 如果你的牧師來找你, 清楚明白地指出你的罪, 並忠實地警告你, 你要為他感謝神。他是你最好的朋友; 他是天賜之人。但是, 如果一位牧師對你說圓滑油膩的話, 當你和他都明明知道活在罪中是完全錯誤的, 他卻告訴你沒關係時, 你可以肯定他是一個魔鬼派來的人.

我想說，我鄙視那些傳道人，淡化信息以迎合聽眾中某個人——某個參議員或其他重要人物。魔鬼若能得到這樣的牧師，用他作為傳話的通道，那麼比起魔鬼自己，這位傳道人會將魔鬼的工作做得更為出色。

你若得知撒旦正在欺騙你，你可能會感到震驚，但如果一位自稱是耶穌基督的傳道人宣講這一教義，說即使你繼續生活在罪中，最終神也會接納你，那跟撒旦的謊言是一樣的。不要被蠱惑、相信這樣的教義——它與來自地獄深坑的任何謊言一樣的虛妄。教會所有牧師和傳道人都無法拯救一個不跟罪分離的靈魂。

古話說，人皆有價。以掃為了一碗濃湯，出賣了他與生俱來的長子名分；很便宜，不是嗎？（創 25：30–34）亞哈為一個藥草園將靈魂出賣（王上 21：1–16）。猶大以三十兩銀子的價格就將靈魂賤賣——還不到我們的十七美元（太 26：14–15）。相當便宜，不是嗎？希律則因通姦出賣靈魂。

我們自己的靈魂值多少錢？你說你不知道。我會告訴你。你的價值，就是那使你遠離神的罪。可能是酒精；許多人會放棄天堂的希望，為酒出賣靈魂。也許是不道德、邪惡的東西。有人說：「給我妓女，我願放棄天堂的所有榮耀。我寧願因罪遭審判，也不願沒有它而得救。」

朋友，你在為了什麼而出賣靈魂？你心裡應該知道是什麼。

希律若聽從施洗約翰的勸告，而不是那個卑鄙淫蕩女人的話，希律今天豈不是要好一千倍嗎？希羅底在一邊拉，約翰在另一邊拉，希律夾在中間。這種正與邪、善與惡之間的爭鬥並非是新鮮東西，自古以來就有；天堂拉向一邊，地獄拉向另一邊。請問，你會犯跟希律同樣的錯誤嗎？

我們所得到的聖光照耀，要比希律所得的強得多——他生活在基督被釘十字架之前。令人痛心的是，從那時起，榮耀的福音就沒有像以前那樣熠熠生輝。想想你所聽過的佈道和邀請你成為基督徒的懇求。你們當中有些人有敬虔的母親為你們祈禱。你們中的許多人都有敬虔的妻子，為了你，她們向神祈求。年復一年，你生活在聖潔的環境之中；你曾多少次距離神國咫尺之間！然而，你今天卻離神國越來越遠！

也許這是真實的：就像希律一樣，你很樂意聽傳道人講道。你去教堂，慷慨捐款，行很多善事。請切記，所有這些活動都不能潔淨你的靈魂脫離罪惡。它們不能用來取代神的要求——即悔改和棄絕每一個罪。

有一次，一個孩子在玩花瓶，他把手伸進去，卻拉不出來了。他的父親幫了他幾次，但徒勞無功。最後父親說：「好吧，再試一次。你把你的手指伸直，然後我來拉你的胳膊。」

「哦，不行，爸爸，」兒子說。「我要是張開手指，我手裡的那一分錢就掉了。」

原來他的手一直合成拳頭，當然無法拉出來！但是，他又不想放棄那一分錢！罪人也是如此。他不願放棄他的罪來獲得解放。

你和我也許永遠不會再遇見，但如果我對你有任何影響力，我敦促懇求你，不管付出什麼代價，現在就離棄你的罪。如果希律聽從約翰的建議，他也許會和亞利馬太的約瑟和神羔羊的十二使徒有聯結。這些世紀以來，他的名字就會如馨香之氣，傳遍人間。

可惜了！今天，當我們談到希律時，我們看到的，是所有人的臉上都顯露出不屑一顧的神色。假如當時有人問希律：「你知道你會讓那位偉大的傳道人閉嘴，將他斬首嗎？」他會回答說：「你的僕人是狗嗎？能做這樣的事嗎？我絕不會奪走這人的生命」（參 王下 8：13）。他也許真想過他永遠不可能做這樣的事，然而，僅僅片刻之後，他就將神的僕人斬首了。

你知道嗎，耶穌基督的福音被證明，要么是作活的香氣叫人生，要么是作死的香氣叫人死（林後 2：16）？有時，我們聽到人們說：「我們要去聽這個人講道。如果講的東西對我們沒有好處，那也不會對我們有傷害。」你真相信如此嗎，我的朋友？每次你聽到福音並拒絕它，你的心就會繼續硬化。太陽既能化冰，亦能使粘土變硬。幾年前讓你感動的佈道，現在對你來說不再會有當初那種深刻的影響。難道，你不記得曾經有個晚上，你聽到過一篇震動你懷疑和不信的根基的講道嗎？但是現在，你卻對這講道聽而不聞、無動於衷。

我相信，當希律的知罪感消亡之後，他是倍上加倍的地獄之子。真正的福音傳道人會說，最難歸正的人，不是那些尚未認罪的人，而是那些知罪感漸漸消亡的人。第二次犯罪比第一次要容易得多，但第二次悔改相比第一次，則是難上加難。

若你現在離神國僅一步之遙，聽從朋友的建議，立即踏入其中。不要滿足於只是靠近神國而已。耶穌對那少年官說，*你離神的國*不遠了，但那少年官失敗了，沒有進入神國（可 12：34）。不要冒任何風險。如果你推遲決定，在你尚有時間落實最佳意願之前，死亡也許會臨到你。

想到人們聽到耶穌和保羅的聲音，被他們的講道感動，卻最終沒有得救，這實在是令人可悲。猶大肯定曾多次距神國僅咫尺之隔，但他從未踏入其中。我在軍隊中也曾親眼目睹其事——那些幾乎決定成為基督徒的人，結果在戰鬥中喪生，沒能邁出使他們確得永生的那一步。我不得不承認，這些事實在是非常可悲的。

有一名醫生，被派到紐約市的一棟公寓樓巡檢。進了公寓這後，他發現有個年輕人病得很重。當醫生近到床邊時，年輕人說：「醫生，你不要欺騙我。我想知道的是最壞的情況。這病很嚴重嗎？」

醫生檢查完病人後，說：「我很抱歉告訴你，你活不過今夜。」

青年抬起頭說：「唉，我最終還是錯過了。」

「錯過了什麼？」

「我錯過了永生。我一直想有一天成為一名基督徒，但我一直認為我有足夠的時間，所以我拖了又拖。」

醫生本人也是基督徒，他說：「現在還為時不晚。趕快求神憐憫。」

「不，」那垂死的人說。「我一直看不起死到臨頭才悔改的人；那不就是個可悲的膽小鬼。如果我沒有生病，我不會想到我的靈魂。可我現在不能侮辱神。」

醫生和他一起度過一整天，給他念聖經，想讓他趕快抓住應許。年輕人堅持說他不會呼求神，最終，就在這種心態下去世了。就在他快要死的那一刻，醫生看到他的嘴唇在動。他彎下腰來，他聽到的只是那一句微弱的話，「我最終還是錯過了！」

親愛的朋友，請確保你最終不會錯過永生。你是選擇希律王還是約翰？請你現在低下頭說：「神的兒子，求你進入我的心。我要將自己獻給你——完全、徹底、毫無保留。」

祂將和你相遇，不僅將拯救你，還將保守你直到終了。

第六章

瞎子和亞利馬太的約瑟

勇氣

當基督在世時，有兩名不同凡響的人住在耶路撒冷城。其中一位，無名般地穿越歷史傳了下來；雖然，我們不知其名。另一位人的名字，我們卻是知道。一位不僅是乞丐，而且生來就瞎眼；另一位是耶路撒冷的富人。然而，在《約翰福音》中，對這個瞎眼乞丐的描繪，比書中其他任何角色，佔有更多的篇幅。也許，有關這個人的記錄如此之多的原因，是因為他站在耶穌基督的立場上。

耶穌在《約翰福音》第八章宣稱，*我是世界的光。跟從我的，就不在黑暗裡走，必要得著生命的光*（約 8：12）。現在，來看一看，那瞎子被醫治的故事：

> *「我在世上的時候，是世上的光。」耶穌說了這話，就吐唾沫在地上，用唾沫和泥抹在瞎子的眼睛上，對他說：「你往西羅亞池子裡去洗。」*

> *（「西羅亞」翻出來就是「奉差遣」。）他去一洗，回頭就看見了。他的鄰舍和那素常見他是討飯的，就說：「這不是那從前坐著討飯的人嗎？」有人說：「是他。」又有人說：「不是，卻是像他。」他自己說：「是我。」他們對他說：「你的眼睛是怎樣開的呢？」他回答說：「有一個人名叫耶穌，他和泥抹我的眼睛，對我說：『你往西羅亞池子去洗。』我去一洗，就看見了。」*
> （約 9：5-11）

耶穌告訴他們，祂是世上的光，若有人跟隨祂，那人就不會在黑暗中行走，而是必得著生命的光。在作出這樣的宣稱之後，基督經常用一些奇蹟，來見證祂所說的真實性。如果祂說自己是世界的光，祂會以某種特殊方式，向人們展示祂是世界的光。

如果祂說祂是世界的生命，祂會用使死人復活的神蹟，來見證這一點，就像祂告訴人們祂是複活和生命，然後去伯大尼的墓地召喚拉撒路一樣。當拉撒路聽到他朋友大聲喊叫「*拉撒路，出來*」時，他立刻就出來了（約 11：43）。

神的兒子不會毫無緣由就要求人們相信祂，我們要牢記這一點。如果不用見證就能使人相信，那你還不妨相信，一個人沒有光或眼睛就能看見。耶穌給了人們充分的理由來相信祂，祂證實了祂的彌賽亞身份和權威。祂不僅告訴他們，祂有能力，而且以事實向他們表明祂的能力。

這兩個人，亞利馬太的約瑟和瞎子，都住在耶路撒冷。一個地位很高，另一個則地位低到不能再低了。一個是在社會階梯的頂端，另一個是在社會階梯的最底層，但倆人都有很好的懺悔。不論地位高低，倆人同樣被耶穌接受。

瞎子

本章提到的人生下來就瞎了眼，門徒們問主，*「拉比，這人生來是瞎眼的，是誰犯了罪？是這人呢，是他父母呢？」*耶穌回答說：*「也不是這人犯了罪，也不是他父母犯了罪，是要在他身上顯出神的作為來。」*耶穌說了這話，*就吐唾沫在地上，用唾沫和泥抹在瞎子的眼睛上，*對他說：*「你往西羅亞池子裡去洗。」（「西羅亞」翻出來就是「奉差遣」。）*（約 9：2–3，6–7）

瞎子去到池子，洗了，視力就恢復了。看看那個瞎子做了什麼。他只是按基督的吩咐做事。救主對他的命令，是到西羅亞池去洗；*他去一洗，回頭就看見了*（約 9：7）。他因順服而蒙福。

神一般不會重複自己的奇蹟。基督在世時，祂治癒的瞎子中，沒有兩個人以完全相同的方式被治愈。耶穌在耶利哥城門口遇見瞎眼的巴底買，就叫他說，*「要我為你做什麼？」瞎子說：「拉波尼，我要能看見！」*（可 10：51）

看看耶穌做了什麼。祂沒有叫巴底買去二十英里外耶路撒冷的西羅亞池裡洗。祂沒有吐唾沫在地上，也沒有用

唾沫和泥抹他的眼睛，而是用一句話就治好了病，祂說：「*你去吧！你的信救了你了。*」（可 10：52）

假設巴底買離開耶利哥，在耶路撒冷城門口遇見那位被耶穌治好的瞎眼乞丐。巴底買問那乞丐是如何恢復視力的。假設他們之間開始比較——各人談各人的經歷。想像一下，巴底買如果是這麼說，「我不相信你恢復了視力，因為你沒有像我那樣得到視力。」

難道，主耶穌用不同的方式醫治他們，兩者之一的結果會不真實？然而，現在有些人就是這樣理解的。因為神對待某些人的方式跟對待其他人的方式不同，所以有些人認為神根本就沒有把他們放在眼裡。神很少重複祂的方式。就我的經驗而言，沒有兩個人的轉變過程是完全一樣的。每個人都必有自己的經歷。讓主以祂自己的方式打開你的眼睛。

成千上萬的人未能和基督相遇，這是由於他們在尋求和某個已歸正的親密朋友或親戚的相同經歷。但是，他們不應該根據別人的經驗，來決定自己的轉變。他們聽有人跟他們說起二十年前這人是如何悔改的，他們就希望以同樣的方式悔改。人們絕對不應該指望和其他人完全相同的經歷，無論是聽說的，或在哪裡讀到過的。他們必須親自來到主面前，聽從主的旨意。

如果主說，*你往西羅亞池子裡去洗*，你就必須去。如果主說「來」並應許開你的眼，那麼你必須來，讓主以祂自己的方式施行祂的工作，就像這個瞎子一樣。用泥抹人的眼睛是一種奇怪的治療方法，但這就是主的方法；就這樣，他的眼睛也就開了。

我們也許在想，用泥土填滿一個人的眼睛本身就足以讓此人瞎了眼。沒錯，他現在是盲上加盲；假如他以前還能看見，這泥土會使他完全失明。但是，主想要向人們表明的是，他們不僅在靈性上生來是瞎眼的，他們還讓自己被這個世界的泥土弄瞎了眼——這泥土已經蒙住了他們的眼。神的道路非我們的道路。如果祂要行事，我們必須順服祂所要行的。

我們豈能向全能者發號施令？*泥土豈可對摶弄他的說「你做什麼」呢？所做的物豈可說「你沒有手」呢？*（賽 45：9）*你這個人哪，你是誰，竟敢向神強嘴呢？受造之物豈能對造他的說：「你為什麼這樣造我呢？」*（羅 9：20）讓神以祂自己的方式作工，當聖靈來的時候，讓聖靈指明道路。我們必須願意順服，作主吩咐我們作的事，沒有任何質疑。

他去一洗，回頭就看見了。他的鄰舍和那素常見他是討飯的，就說：「這不是那從前坐著討飯的人嗎？」有人說：「是他。」又有人說：「不是，卻是像他。」（約 9：7–9）假如他和今天的許多人一樣，恐怕他會保持沉默。他也許會自己琢磨：「現在我能看見了，但我應該保持沉默。我沒有必要把事情真相說出來。我幹嘛非要說什麼？有很多敵對勢力反對這個耶穌基督。在耶路撒冷有許多針對祂的惡毒攻擊。祂有很多敵人。我覺得，如果我談論他會自找麻煩，所以我

*還是什麼都不說。」有人說：「是他。」又有人說：「不是，卻是像他。」他自己說：「是我。」*瞎子不但被開了眼睛，感謝神，他的嘴也張開了！

的確是這樣，我們睜開眼之後，接下來就是要張開嘴，開始為主作見證。人們問那治好的瞎子，*他們對他說：「你的眼睛是怎樣開的呢？」他回答說：「有一個人名叫耶穌，他和泥抹我的眼睛，對我說：『你往西羅亞池子去洗。』我去一洗，就看見了。」*（約 9：10-11）

他直截了當地講了主為他所做的事。就該如此。這就是證人該做的——講他所知道的，而不是胡言亂語。他沒有發表長篇大論。那用詞華麗、口若懸河的證人，對陪審團的影響並不是最大的。

這個人的見證就是我所說的親身經歷。今天，阻擋福音進展的最大障礙之一，就是不鼓勵信徒談講得救的經歷。許許多多的男女成為基督耶穌的門徒，但我們從未聽說過他們的經歷，或者，主是如何進入他們的生活。如果我們能讓他們講自己的見證，這將對其他人有很大的幫助。這將會激發信心，鼓勵門徒中較軟弱的人。

使徒保羅的經歷被記錄了三遍。我毫不懷疑，凡他所到之處，他都講自己的經歷：神如何遇見他，神如何開啟他的眼睛和心靈，以及神如何祝福他。經驗有其應得的位置，但現在犯下的大錯誤是採取了另一個極端。在某些地方和某些階段，經驗被過分強調。見證幾乎全都成了經驗，鐘擺

向另一邊擺得太遠了。(慕迪在此提示，過分強調各人經驗會喧賓奪主，把基督的救恩淡化了——譯者)

但恰當地說，我認為，談我們的見證不僅是對的，而且非常有用。瞎子見證了主為他所行的奇蹟：

> *耶穌和泥開他眼睛的日子是安息日。法利賽人也問他是怎麼得看見的。瞎子對他們說：「他把泥抹在我的眼睛上，我去一洗，就看見了。」法利賽人中有的說：「這個人不是從神來的，因為他不守安息日。」又有人說：「一個罪人怎能行這樣的神蹟呢？」他們就起了紛爭。他們又對瞎子說：「他既然開了你的眼睛，你說他是怎樣的人呢？」*(約 9：14-17)

他有多好的機會可以迴避這些問題！他本可以說：「我從未見到過祂。當祂遇見我時，我是個瞎子；我看不見祂長的什麼樣子。我從池子回來的時候，我找不到祂，祂究竟是誰，我實在無可奉告。」他可以用這種方法來擺脫法利賽人，但是他說，*祂是個先知*(約 9：17)。他直截了當地把自己的觀點告訴他們。他是一個有骨氣的人。他有道德勇氣。他傲然挺立在耶穌基督的敵人法利賽人中間，向他們告白他對耶穌的看法：*祂是先知*。

如果你能讓初信的基督徒談見證，不是談他們自己，而是談基督，他們的見證就會有力量。許多歸正者，談來談去就是自己的經歷。他們張口就是，「我」，「我」，「我」，「我」。但這瞎子卻從主身邊跑開，說，*祂是先知*。他信，不僅如此，他明確告訴法利賽人他信什麼。

> *猶太人不信他從前是瞎眼、後來能看見的，等到叫了他的父母來，問他們說：「這是你們的兒子嗎？你們說他生來是瞎眼的，如今怎麼能看見了呢？」*
>
> *他父母回答說：「他是我們的兒子，生來就瞎眼，這是我們知道的。至於他如今怎麼能看見，我們卻不知道。是誰開了他的眼睛，我們也不知道。他已經成了人，你們問他吧，他自己必能說。」 他父母說這話是怕猶太人，因為猶太人已經商議定了，若有認耶穌是基督的，要把他趕出會堂。因此他父母說「他已經成了人，你們問他吧」*。（約 9：18–23）

我一直很看不起那對父母。他們有一個品格高尚的兒子，而自己卻缺乏道德勇氣來承認主耶穌基督為兒子所做的一切，實在不配作父母。他們說，「我們不知道他是怎麼痊癒的」，看起來好像連自己的兒子都不相信。*他已經成了人，你們問他吧*，他們說。

今天，令人悲哀的是，我們有成百上千的人自稱是耶穌基督的門徒，但當時候到了，要他們站出來為祂作明確見證時，他們反倒倒打一耙反對祂。你可以不難看出，哪些是真正皈依神的人。新人總是站在神面前，但舊人則站在祂的對立面。這對父母本有機會認耶穌基督為主、為祂做大事，但他們卻放棄了這個千載難逢的機會。

如果他們和自己可敬的兒子一同站起來說：「這是我們的兒子。我們試過所有的醫生，竭盡全力，付出力所能及的一切，仍然無功而歸；但現在，出於內心的感激，我們承認，他從加利利的先知、拿撒勒人耶穌那裡得到了視力，」他們可能會引導許多人相信主。取而代之的是，他們說，*他是我們的兒子，生來就瞎眼，這是我們知道的。至於他如今怎麼能看見，我們卻不知道。*

你知道，為什麼他們不想告訴大家，兒子是如何得到視力嗎？僅僅是因為，這樣做的話，會讓他們付出太多的代價。他們代表了那些不想為基督付出任何代價的基督徒。他們不願放棄社會、地位、或世俗的享樂。他們不想與世界分離。正是由於這樣，成百上千的人無法成為真正的基督徒。

那時候，猶太人被趕出猶太會堂是一件很嚴重的事情。現在，教徒被教會開除就意義不大了。如果有人被一個教會開除，另一個教會也許會接受他；但在當時，一個人若被趕出會堂，沒有其他會堂可以收留他。這就像是一個國立教堂；是獨一無二、唯一的教堂。如果有人被趕出會堂，那他就會被社會拋棄，喪失地位和其他所有一切；甚至連他的生意也受到影響。

猶太人又叫了那從前瞎眼的人來，對他說：*「你該將榮耀歸給神，我們知道這人是個罪人。」*（約 9：24）看起來，他們企圖誘導他對基督產生偏見，但他說：*「他是個罪人不是，我不知道。有一件事我知道：從前我是眼瞎的，如今能看了！」*（約 9：25）

異教徒或文士們沒有一個能說服他。耶路撒冷人數再多，也無人能迫使他相信自己的眼睛沒有睜開。難道，他不知道二十多年來，自己一直在耶路撒冷四處摸索，一直被孩子們和朋友們領著走，而這些年來，從來沒有看到過燦爛的太陽，也沒有見過大自然的美？難道，他不知道直到那一天，自己一直在生活中摸索？

同樣如此，難道我們不知道，自從是從神而生，我們靈魂的眼睛已經打開了嗎？難道我們不知道舊事已過，一切都變成新的了，永恆的光已經光照我們的靈魂嗎？難道我們不知道，那曾經捆綁我們的鎖鏈已經斷裂，黑暗已經過去，光明已經到來？難道，我們不是曾經受奴役如今得自由嗎？難道我們不知道？　？　？

既然如此，那麼我們就不要保持沉默。讓我們為神的兒子作見證，像那瞎子在耶路撒冷所做的那樣，說：「*有一件事我知道：從前我是眼瞎的，如今能看了*。我有了新的力量。我有了新的光。我有了嶄新的愛。我有了新的性情。我具有通向神的靈命。憑著信心的眼睛，我可以看到遠處的天堂。我可以看到基督站在神的右手邊。漸漸地，當我的人生旅程結束時，我會聽到那個聲音說，*你上到這裡來*（啟 4：1，11：12），我將在神的國度裡坐下。」

他們就問他說：「他向你做什麼？是怎麼開了你的眼睛呢？」他回答說：「我方才告訴你們，你們不聽，為什麼又要聽呢？莫非你們也要做他的門徒嗎？」（約 9：26–27）這真是一個非常了不起的人。這裡，一個初信的耶路撒冷歸正者，信主還不到一天，他就挑戰這些法利賽人悔改歸正——而這些人已經與基督爭戰了將近三年！他問他們是否也想成為主的門徒。他準備把自己的經歷告訴所有願意聽的人。假如他從一開始就隱瞞，不立即說出自己的經歷，他就沒有權柄作見證，也不可能成為贏得靈魂的勝者。這個人將成為靈魂的贏家。

我敢肯定，他成了耶路撒冷最好的福音工人之一。我毫不懷疑，五旬節那天，當彼得講道時，他一定站在最前面，他身邊有很多心靈受傷的人。他投入聖工，告訴那些心靈受傷的人，主如何祝福他，主也將如何祝福這些人。他是個工人，不是閒人，他繼續傳講神的大能。

遺憾的是，我們有這麼多神的孩子都成了啞巴；這是一件非常可悲的事情，但卻是真真實實的。做父母的會認為，自己的孩子生來就是個啞巴，那是一場大災難。他們會為這事哀哭，他們有權難過；但是，你有沒有想過神有多少個啞巴孩子？教會裡到處都是這些人；他們從來不為基督說話。他們談政治、體育和科學；他們談當天的娛樂活動，談得上天入地，津津有味，但他們卻從不傳講神的兒子。

親愛的朋友，如果祂是你的救主，就應當開口承認。每一個耶穌的門徒都應該為祂作見證。在當今的社會和各行各業中，我們有許許多多的機會為耶穌基督說話。每天都有很多機會出現，每個基督徒，*無論得時不得時，都可以為耶穌傳道*（提後 4：2）。當我們如此行時，我們既為自己獲得祝福，亦成為他人的祝福。

這人想要使法利賽人悔改歸正，那都是些雙手拿滿石頭的人——隨時準備好將神的兒子置於死地——甚至此刻他們心中也充滿了殺機。*他們就罵他，說：「你是他的門徒！我們是摩西的門徒。神對摩西說話是我們知道的，只是這個人，我們不知道他從哪裡來！」*（約 9：28-29）

那曾經是瞎眼的人可以說：「看來有很強烈的反對，我就不再多說了；我不如安靜一點，悄悄離開他們。」然而，感謝神，他以保羅般的勇氣站立。他回答他們說，*他開了我的眼睛，你們竟不知道他從哪裡來，這真是奇怪！我們知道神不聽罪人，唯有敬奉神、遵行他旨意的，神才聽他*（約 9：30-31）。

這才是我稱之為有邏輯性的話。即使他是從神學院畢業，也未必有比這更好的答案。對於那些反對基督的人來說，這真是純正的教義和一堂很好的講道。*這人若不是從神來的，什麼也不能做*（約 9：33）。這番話非常有力地證明這個人確信主耶穌是誰。這就好像他說：「我是一個生來就瞎眼的人，但祂賜給我視力。祂怎麼會是罪人？」罪人？這絕對是不合常理的。如果耶穌基督只是一個凡人，祂怎麼能賜給那人視力呢？讓文士、懷疑者和異教徒來回答這個問題吧。

他也用不著戴眼鏡。他的視力很好——既非近視又非弱視——和耶路撒冷的任何人一樣的好，而且還可能好一點。有眼的人都可以自己找他來驗證。他的見證又真又活、無可爭議。

在他精彩地認信基督的神性和能力之後，他們回答說：*「你全然生在罪孽中，還要教訓我們嗎？」於是把他趕出去了*（約 9：34）。他們無法面對他的論證，就把他趕了出去。現今也是如此。我們若為基督作光明磊落的見證，世界就會把我們當成異類。我們如此坦白地為基督作見證，以致世人不喜歡，其實這是一件好事。為基督作這樣的見證，致使世界不接受我們，這乃是一件好事。

當他們把他趕出去時發生了什麼？耶穌聽說了——這是接下來發生的事情。他們剛把他趕出去，耶穌就听說了。歷世歷代，沒有人因為耶穌基督的緣故被世界逐出，而耶穌基督不曾聽到。的的確確，祂將是第一個聽到的。*耶穌聽說他們把他趕出去，後來遇見他，就說：「你信神的兒子嗎？」他回答說：「主啊，誰是神的兒子，叫我信他呢？」耶穌說：「你已經看見他，現在和你說話的就是他。」他說：「主啊，我信！」就拜耶穌*（約 9：35–38）。

這實在是一個讓他駐腳的好地方——就在耶穌的腳前。我們將在神的國度裡再次見到他。他的見證已經流傳了兩千多年。凡是有聖經的地方，就會談論這個見證。那人為神的兒子作了美妙的事工。在永恆中，肯定會有許多人為這瞎子認信基督而感謝神。

通過公開認信基督來表達他的感恩，從那時起，他的見證就不斷地興起神的教會。他是聖經人物之一，當人們讀到他的故事時，總是能激起人們的熱情，賦予人們新的生命、火、新的膽量和勇氣。這正是我們今天所需要的——為神的兒子挺身而出。讓法利賽人對我們怒不可遏。讓世界繼續嘲諷、冷笑和譏誚。我們將勇敢地為神子屹然站立。他們若把我們逐出，就會把我們直接送到基督那裡。基督會把我們擁在祂慈愛的懷抱裡。在基督耶穌裡敬虔地生活是如此的有福，以致世界不要你——把你當成異類。

亞利馬太人約瑟

我認為，作為耶穌的門徒，亞利馬太人約瑟的站出來，沒有像瞎眼的乞丐那樣光明磊落；但他畢竟站出來了，因此，我們要為此感謝神。我們在《約翰福音》中讀到，出於對猶太人的懼怕，他沒有公開站出來認耶穌為主：*這些事以後，有亞利馬太人約瑟，是耶穌的門徒，只因怕猶太人，就暗暗地做門徒，他來求彼拉多，要把耶穌的身體領去。彼拉多允准，他就把耶穌的身體領去了*（約 19：38）。

現在，我們來讀四福音書中關於亞利馬太人約瑟的四個記載：

《馬太福音》第二十七章57-60節

到了晚上，有一個財主，名叫約瑟，是亞利馬太來的，他也是耶穌的門徒，這人去見彼拉多，求耶穌的身體。彼拉多就吩咐給他。約瑟取了身體，用乾淨細麻布裹好，安放在自己的新墳墓裡，就是他鑿在磐石裡的。他又把大石頭滾到墓門口，就去了。

《馬可福音》第十五章42-46節

到了晚上，因為這是預備日，就是安息日的前一日，有亞利馬太的約瑟前來，他是尊貴的議士，也是等候神國的。他放膽進去見彼拉多，求耶穌的身體。彼拉多詫異耶穌已經死了，便叫百夫長來，問他耶穌死了久不久。既從百夫長得知實情，就把耶穌的屍首賜給約瑟。約瑟買了細麻布，把耶穌取下來，用細麻布裹好，安放在磐石中鑿出來的墳墓裡，又滾過一塊石頭來擋住墓門。

《路加福音》第二十三章50-53節

有一個人名叫約瑟，是個議士，為人善良公義，眾人所謀所為他並沒有附從；他本是猶太亞利馬太城裡素常盼望神國的人。這人去見彼拉多，求耶穌的身體。就取下來，用細麻布裹好，安放在石頭鑿成的墳墓裡，那裡頭從來沒有葬過人。

《約翰福音》第十九章38-42節

這些事以後，有亞利馬太人約瑟，是耶穌的門徒，只因怕猶太人，就暗暗地做門徒，他來求彼拉多，要把耶穌的身體領去。彼拉多允准，他就把耶穌的身體領去了。又有尼哥迪慕，就是先前夜裡去見耶穌的，帶著沒藥和沈香約有一百斤前來。他們就照猶太人殯葬的規矩，把耶穌的身體用細麻布加上香料裹好了。在耶穌釘十字架的地方有一個園子，園子裡有一座新墳墓，是從來沒有葬過人的。只因是猶太人的預備日，又因那墳墓近，他們就把耶穌安放在那裡。

對亞利馬太約瑟記載，四位福音書作者都用了很少的篇幅。一般來說，如果馬太和馬可提到某個事件，路加和約翰就會省略不談。如果某些細節出現在《路加福音》或《約翰福音》，就不會再出現在《馬太福音》和《馬可福音》。《約翰福音》所提到的細節則是其他福音書中沒有的——類似於《約翰福音》九章1-12節中有關瞎子的記載。儘管如此，四人都記載了亞利馬太的約瑟為基督所作的事。當時，耶穌的門徒都離棄了祂。一個出賣了祂，另一個門徒則不認祂。就當耶穌處在陰雲密佈和黑暗中時，亞利馬太人約瑟卻出來認信耶穌。

是耶穌基督的死帶出了亞利馬太人約瑟。當百夫長搥胸大聲喊叫，*這人真是神的兒子！*（可 15：39）約瑟也許正站在十字架前，與此同時，他無疑也篤信了。約瑟以前是門徒，因為我們讀到，在審判的那天晚上，他沒有同意將基督處死。試想一下，那天晚上猶太會堂裡的震驚，當亞利馬太人約瑟，一位貴族，站起來說：「我永遠不會同意將祂處死。」

在場的有七十名議士，但我們有充分的理由相信，其中有兩個人，就像古時的迦勒和約書亞一樣，有勇氣為耶穌基督挺身而出。這兩個人是亞利馬太的約瑟和尼哥底母。他倆都反對將基督處死，但約瑟當時並沒有稱自己是門徒，直到耶穌被釘十字架之後，經文才提到他是個門徒。

今天，恐怕有很多約瑟：那些有地位、把門徒身份藏起來的人。這些人會說：「我不需要站在基督一邊。我還需要什麼？我什麼都有。」我們讀到，約瑟是一位富裕高貴的議士，是一位正直善良的人，在政府裡擔任要職。他也是一個仁慈虔誠的人。他還需要什麼?然而，神所要的，不光光是約瑟的生活優越和地位高。約瑟也許在同行中拔群出萃，但卻仍然沒有基督。

不過，他的生命歷史上出現了風波。假如約瑟要採取立場，此時正是時候。無論是誰，我認為此舉是最偉大、最崇高的行為之一——就人而言，當基督沒有任何東西可以賜給他時，他站在基督的立場上。對耶穌復活這件事來說，約瑟根本未曾想過。似乎主的門徒中，沒有一人明白祂要復活。當主向他們顯現時，甚至連彼得、雅各和約翰，和其他門徒，都不相信主已經復活了。他們原以為祂會建立祂的國度，但祂手中沒有權杖，他們因此斷定，祂沒有國度。事實上，祂已經被釘死在十字架上，手腳都被釘子釘住了。祂被掛在那裡，直到祂的靈魂出竅;那曾經使祂如此偉大、如此榮耀、如此高貴的靈魂現在已經離開了身體。

約瑟也許自語:「我現在為祂表態毫無用處。如果我站出來認祂為主，我會失去我在社會和會堂中的影響力和地位。我最好還是不站出來為妙。」他站出來認耶穌為主得不到屬世的獎賞。就人而言，沒有什麼東西能促使約瑟宣布他對耶穌的信仰。然而，馬可告訴我們，他大膽地走進彼拉多的審判廳，求耶穌的身體。

所以我認為，此舉是最偉大、最崇高的行為之一。在那黑暗和烏雲籠罩中，耶穌的門徒都離棄了祂。猶大用三十兩銀子把祂出賣了。大使徒彼得用咒詛否認了祂，發誓從來不認識祂。祭司長認定祂犯有褻瀆罪，公會判處祂死刑。當整個耶路撒冷，滿城都是嘶嘶喧嚷聲時，約瑟逆流而上，不顧朋友們的勸阻，求耶穌的身體。

這是何等蒙福的行為！毫無疑問，他責備自己在基督受審和被釘十字架之前沒有大膽地為祂辯護。聖經說亞利馬太人約瑟是一個可敬的人，一個可敬的議士，一個有錢的人，但記錄下來的只有一件事——求耶穌身體之事。不過，我告訴你，他為神的兒子所做的，出於對祂的毫無瑕疵的愛，將永遠留存。僅這一舉，超越了亞利馬太約瑟曾所做過的一切。他也許曾向不同的機構捐了大筆的資金。他曾對窮人慷慨解囊。他以各種方式善待有需要的人；但是，在那個令人難忘、黑暗的午後，為耶穌基督所作的那一件事則高過所有這一切。他肯定是一個有很大影響力的人，否則的話，彼拉多不會將耶穌的身體給他。

現在，讓我們看看另一位不露身份的門徒尼哥底母。尼哥底母和約瑟都去了各各他山。約瑟先到了，在等尼哥底母上來的時候，他朝山下望去。我可以想像，他看到他的朋友帶著一百磅藥膏來時的喜悅。雖然耶穌基督在世一生過著卑微的生活，但祂值得受君王的恩膏和安葬。神觸動了這兩個名門貴族的心，他們拔出釘子，把屍體取下來。他們洗淨祂背上被鞭打、頭上因荊棘冠冕造成的傷口上的血。然後，他們取了那個沒有生命的軀體，把它洗乾淨，用細麻布包起來，把祂安葬在約瑟自己的墳墓裡。

當一切都變得黑暗陰沉，當耶穌基督的事工看起來似乎失敗，教會的希望被埋葬在那個新墳墓裡時，約瑟和祂站立在一起——那一位*被藐視，被人厭棄*（賽 53：3）。這是約瑟一生中最偉大的作為。你若想在榮耀中與主耶穌基督站在一起，你想神的力量賞賜給你，你就必須毫不猶豫、堅定地為那遭人鄙視的人子基督耶穌站立。

祂的事工不受世人歡迎。不敬虔的人嘲笑祂的名字。但是，如果你希望靈魂得到天堂的祝福，並且聽到主說：*好，你這又良善又忠心的僕人，你在不多的事上有忠心，……可以進來享受你主人的快樂*（太 25：23），你當即刻為祂站穩腳跟——無論你的地位如何，你的朋友們如何反對你。你要為耶穌基督——那被釘十字架並複活的救主，作出決定。走出舒適的營地，擔當祂所遭受的斥罵。背起你的十字架跟隨祂，終有一天，你會卸下十字架，得賞永恆的冠冕。

我記得，有一次，我們在一個對複興缺乏激情的地方聚會，當地的人對我們的事工發表了一些苦毒尖刻的評說。但有一天，這個地方某位最有名望的人站起來說：「我要讓大家知道我是耶穌基督的門徒，如果對祂的事工有任何仇恨，我願承擔我的一份。」

這番話，像電流一樣穿過會議，神的福祉，賞賜給他和其他會眾的靈魂。你可以確信，沒有十字架，就沒有冠冕。

如約瑟所行的那樣，我們必須採取正確的立場。就約瑟而言，背起他的十字架讓他付出了代價。我毫不懷疑，他們把他從議會和猶太會堂趕出去。他失去了他的地位，也許，還有他的財富。像其他基督的忠實門徒一樣，他成為一個被鄙視和不受歡迎的人。

瞎子不可能像約瑟那樣做。有些人可以做其他人做不到的事情。但神要我們為自己的影響力負責。我們每個人都要儘自己所能。作為跟隨主的門徒，你當不害怕採取自己的立場，哪怕僅僅能幫助像約瑟那樣，只有一丁點勇氣站在主一邊的人——約瑟最終還是站了出來。

不管付出多少代價，讓我們成為真正的基督徒並堅定立場。與神為我們預備的榮耀相比，世上的代價輕如塵灰。如果我們要和祂一起永遠掌權，那麼，與祂一起承受在世上的苦，就算不了什麼。我們能夠背起十字架跟隨祂，遭世人鄙視拒絕，是因為我們有光明美好的前景。假如天堂的榮耀是真真實實的，那麼分享祂所遭受的世上的拒絕，不僅將是對祂的讚美，也將對我們有極大的益處。

求主使我們不再猶豫，也願我們在天平上稱重時，不至於虧欠（參 但 5：27）。求神幫助每一位讀者，行那貧苦的瞎子乞丐所行，以及約瑟所行的。

讓我們隨時隨地信從祂。讓我們向自己的朋友們表明，我們完完全全站在祂的一邊。每個人都有一個自己可以影響到的圈子，神要我們為自己所能影響的程度負責。亞利馬太的約瑟和瞎子有他們自己的圈子，他們對這些圈子的影響力巨大。我可以影響一些別人接觸不到的人。反過來，這些人可以影響到一些我無法接觸到的群體。時間有限，我們能告白信從祂，並為祂作工的年月很短暫。也許只有幾個月或幾年時間，然後，永恆的歲月將來到。在即將到來的冠冕之日，我們的獎賞將是巨大的。我們會聽到，我主對我們說：*幹得好，善良而忠誠的奴隸。…… 進入你主的喜樂中。*

這是神所賞賜的應許！

第七章

懺悔的強盜

為時不晚

耶穌在回天國之前，拯救了一個懺悔的強盜，這件事應當給所有的人帶來極大的希望和安慰。每個非基督徒，都應當對這個案例感興趣，以便了解這強盜是如何轉變的。對於這個故事，任何不相信瞬間歸正的人，都當仔細研究一下。假如歸正非得是漸進的，一個人的歸正非得需要六個月、六週、甚至六天，那麼，這個強盜根本就沒有機會。如果，一個一直過著良好、穩定生活的人不能瞬間歸正，那麼，這強盜的機會就更少了。在《路加福音》二十三章，我們看到，主是如何對待這位懺悔的強盜：

> *那同釘的兩個犯人，有一個譏誚他說：「你不是基督嗎？可以救自己和我們吧！」那一個就應聲責備他說：「你既是一樣受刑的，還不怕神嗎？我們是應該的，因我們所受的與我們所*

> *做的相稱，但這個人沒有做過一件不好的事。」就說：「耶穌啊，你得國降臨的時候，求你記念我！」耶穌對他說：「我實在告訴你：今日你要同我在樂園裡了！」*（路 23：39-43）

他是個強盜，且是罪大惡極的那一種，否則的話，他們不會把他釘十字架。耶穌不僅賜他救贖，而且還把他帶到天堂。

基督被掛在兩個強盜之間的十字架上。文士和法利賽人都搖頭譏誚他。祂的門徒已四處逃散。在周遭都是敵人之中，只有祂的母親和一兩個婦女仍然在場為祂壯膽。那些惡毒的法利賽人相互之間譏誚打諢：*他救了別人，他若是基督，神所揀選的，可以救自己吧！*（路 23：35）聖經還有記載說，*那和他同釘的強盜也是這樣地譏誚他*（太 27：44）。

辱罵

我們首先讀到的，是此人也參與辱罵基督。你也許以為，此時此刻，死到臨頭，他會另有所思；但相反的是，他被釘在十字架上，受折磨，幾個小時內肯定會死去，非但不認自己的罪、準備面對他一生都違反其律法的神，反而嘲弄神的獨生子。很顯然，他已墮落到不能再往下沉了，地獄乃是唯一的去處！

知罪

接下去，我們讀到有關這個強盜的時候，他似乎已經認罪了：*那同釘的兩個犯人，有一個譏誚他說：「你不是基督*

嗎？可以救自己和我們吧！」那一個就應聲責備他說：「你既是一樣受刑的，還不怕神嗎？我們是應該的，因我們所受的與我們所做的相稱，但這個人沒有做過一件不好的事。」（路 23：39-41）

是什麼讓這個人，在僅僅這幾個小時內，發生了如此巨大的變化？耶穌既沒有講道，也沒有規勸他。黑暗尚未降臨。大地沒有張開嘴。死亡正在無阻地逼進。那群人還在那裡嘲笑、嘶嘶作響、頻頻搖頭。然而，這個早上還嘲諷基督的人，卻認了自己的罪，還責備另一個同釘十字架的強盜。我們是應該的。在他的眼前沒有發生任何奇蹟。也沒有天使從天上下來，將閃閃發光的王冠戴在耶穌頭上，來代替那血腥的荊棘冠冕。

那麼，究竟是什麼，促使他發生了天翻地覆的變化？我來分享一下我的想法。我想，這是由於救主的祈禱：「*父啊，赦免他們！因為他們所做的他們不曉得。*」（路 23：34）我幾乎可以聽到強盜自言自語：

「這真是個奇怪的人。祂稱自己是猶太人的王，祂十字架上塗寫的字也是如此。但這究竟是一個什麼樣的寶座？祂說祂是神的兒子。為什麼神不派天使下來，將所有這些折磨祂兒子至死的人徹底消滅？如果祂擁有一切力量，就像祂過去曾行過的奇蹟那樣，祂為什麼不報仇雪恨，將所有這些可詛咒的人一掃而光？我要是有這樣的權柄，我會立即施行。我不會放過任何一個人。我會打開大地將這些人一併吞沒。但是，這個人祈求神赦免他們。奇怪，太奇怪了！祂必定和我們不一樣。我很後悔，當他們剛把我們掛在這裡時，我還說了一句反對他的話。

「祂和我之間有如此的不同。我們並排釘在兩個十字架上；但在各自的一生中，我們所行的相距甚遠。我一直在殺人搶劫，但祂一直在餵飽飢餓的人，醫治病人，使死人復活。現在這些人卻將我們同釘十字架。我相信，祂一定是神的兒子，因為，沒有一個凡人能這樣原諒他的敵人。」

基督的禱告，起到了鞭責無法起到的作用。這個人，曾經捱過審判，鞭打，被釘在十字架上；但他的心並沒有被制服。他沒有向神呼求，也不以自己的罪為恥；然而，當他聽到救主為謀殺祂的罪人們祈禱時——他的心徹底破碎了。

當耶穌是神子這一念頭在這強盜的靈魂一閃而過時，他就斥責他的同伴說，你不怕神嗎？對神的敬畏降臨在他身上。一個人除非敬畏神，否則沒有被拯救的希望。所羅門說，*敬畏耶和華是智慧的開端*（箴 9：10）。

我們在《使徒行傳》中讀到，極大的懼怕降臨在人們身上——那是對耶和華的敬畏。這樣的敬畏，是信仰進入強盜靈魂的首個跡象。*你不怕神嗎？*敬畏神，是新生命開始在我們內心湧現的首個跡象。

認罪

接下來，他承認了自己的罪愆：*我們是應該的，因我們所受的與我們所做的相稱*。他承認自己是罪人，沒有企圖為自己辯護。一個人可能對自己的罪深感抱歉，但如果他不認罪，他就沒有被赦免的應許。該隱對自己的罪深感懊悔，但他沒有認罪（參 創 4）。掃羅心裡非常痛苦，但他去找恩多的女巫而不是主（參 撒上 28）。猶大對主的背叛感到非常後悔，結果出去上吊自盡，但他沒有向神認罪（參 太 27: 3–5）。他去向祭司長和長老認罪，說，*我賣了無辜之人的血是有罪了*。然而，向這些人認罪是無用的，因為他們不能赦免他的罪。

這個懺悔的強盜的情況是多麼的不同！他認了自己的罪，基督立刻憐憫了他。現今，最令人頭疼的是，人們總是千方百計地表明自己不是罪人，無罪可認。因此，他們拒絕接受福音。一個人抱起雙臂說：「我不相信神會懲罰罪愆；我願意冒這個險。」此等人是沒有希望得救的。唯有當一個人，看到自己因罪和虧欠神而理當受神公義的審判，否則毫無希望得到神的救贖。惟獨當罪人認罪，否則神絕不會饒恕他。

稱基督為義

其次，強盜稱基督為義：但這個人沒有做過一件不好的事。當人們高談反對基督時，要他們成為基督徒談何容易。現在這個人說，但這個人沒有做過一件不好的事。全世界都在嘲笑他，但就在這嘲弄喧嚷中，你可以聽到這個強盜在呼喊：「*這人沒有做錯任何事。*」

信心

下一步是信心。談起信心，我認為，這強盜的信心，是聖經中最異乎尋常的信心之例！亞伯拉罕是信心之父，但神試練了他二十五年。摩西是一個信心之人，但他親眼目睹燃燒的荊棘，並握有其他關於神的證據。以利亞有信心，但他有充分的理由：神在大饑荒時照顧餵養他。

然而，這強盜或許從未見過神蹟。他一生都與罪犯同伍。他的朋友都是小偷強盜和不法分子。他現在正處於垂死的極度痛苦之中，而且面對著一大群看熱鬧的人——這群人拒絕、辱罵神的兒子。耶穌的門徒，曾聽過祂奇妙的話語，見證了祂的大能，卻離棄了祂。也許這強盜知道這些事。他也可能知道彼得發誓咒詛不認主，甚至猶大背叛主這件事。

耶穌的頭上，沒有閃閃發光的冠冕，只有荊棘冠冕。強盜也見不到祂國度的跡象。祂的子民在哪裡？強盜被釘在十字架上，遭受百般折磨，痛不堪忍，失魂落魄，邪惡的靈魂怒不可遏，然而，儘管如此，這強盜卻能抓住基督，並堅信他會立刻得到救恩。這個強盜的信心，在髑髏地的黑暗中熠熠閃光。這是聖經中，最令人震憾的信心實例之一。

當我還是個孩童的時候，我不善拼讀。有一天，班里居頭位的男孩，被叫到拼一個單詞，但他拼不出來，班裡其他同學也都不會拼。幸運的是，我拼讀對了，然後，我從全班倒數第一跳到了第一名。同樣的，十字架上的強盜，超越亞伯拉罕、摩西和以利亞，成了這班人的領頭人物。*耶穌啊，你得國降臨的時候，求你記念我！*（路 23：42）

感謝神，有這樣的信心！就在這黑暗的時刻，有一個人，認祂為主並相信祂的國度，這對基督來說，必定是如飲甘露。這強盜願將心掏出來交給神子！他將高興地跪在十字架腳下，傾訴他的禱告！可惜，這是他無法做到的——他的手和腳被死死地釘在木頭上；但他的眼睛、舌頭和心臟沒有被釘住。他至少可以轉過頭來，看著神的兒子，他那破碎的心，可以獻上為他，為你和我而死的那一位。他可以說，*主啊，你得國降臨的時候，求你記念我！*

這是何等不一般地認耶穌為基督！他稱祂為主。可這是何等異常的主啊！釘子釘穿祂的手和腳，將祂牢牢地釘在十字架上。這又是何等弔詭的寶座！荊棘冠冕造成的傷痕，使祂的臉上流淌著鮮血，但祂卻因此而更突顯為主。

罪人啊，你當立即稱祂為主！你，當承認自己是一個可憐、遭詛咒的反叛者，立即呼喊，*主啊，求你記念我！*這不是一個很長的祈禱，但它必得應允。我們不必加上一句：*你得國降臨的時候*，因為，基督現在正坐在父神的右邊。短短一句話「*主啊，求你記念我！*」就像一條金鍊子將罪人和祂的主聯結在一起。

有人認為，若要恭恭敬敬地向施恩寶座禱告，就必須要有書面的祈禱文或祈禱書。但是，這個可憐的傢伙雙手被釘在十字架上，豈能手捧一本祈禱書？假定必須要有神父或牧師為他祈禱；他何能得以實現？沒有人能在那里為他祈禱，而他，將在幾個小時內死去。人幫不了他的忙，但神卻能——那擁有大能的獨一真神——且就在身邊。因此，強盜發自內心地祈禱。禱告雖短，但卻帶來祝福。禱告一語中的：*主啊，你得國降臨的時候，求你記念我！*他求主，就在此時此地，賜給他所求所想的。

應允的禱告

現在，來看看他禱告的結果。就像每個憑信心求的人一樣，他得到的，遠超過他所求所想的。他只求基督記念*他*，但基督回答說，*今日你要同我在樂園裡了！*（路 23：43）

瞬間的祝福——相交的應許——永恆的安息；這就是基督對他祈禱的回應。

黑暗

然後，黑暗降臨大地。太陽將自己隱藏起來。更甚之，父神向祂的兒子掩面——那痛苦的吶喊足以表明：*我的神！我的神！為什麼離棄我？*（太 27：46）

哦，經上已經寫明，*凡掛在木頭上都是被咒詛的*（加 3：13）。耶穌為我們受了咒詛。神的眼裡不能容罪，所以，即使祂的兒子以自己的身體擔當了我們的罪，神也只能掩面不視。

我認為，這就是救主在客西馬尼園裡祈禱時，心裡最沉重的那一點，*我父啊！倘若可行，求你叫這杯離開我！*（太 26：39）

祂能承受朋友的不忠，敵人的仇恨，被釘十字架的痛苦，死亡的陰影。這一切，祂都能承受，然而，當父神掩面不顧的時候，即使是神子都難以承受。但即使是這樣，祂卻為我們的罪承受下來。現在，神的臉轉向我們——我們的罪曾使祂掩面，而我們正眼望耶穌，唯一無罪的那一位，神在祂身上看到了我們。

正當祂經歷這所有的痛苦時，聽到這強盜認祂為主，這對基督來說，一定是非常甜蜜。主喜悅認祂為主的人。你曾記得，耶穌問祂的門徒，*人說我人子是誰?* 他們說，*有人說是施洗的約翰，有人說是以利亞，又有人說是耶利米或是先知裡的一位。*祂問，*你們說我是誰?* 當彼得說，*你是基督，是永生神的兒子，*耶穌因彼得的認知祝福了他（太 16：13-19）。

這個強盜認耶穌是彌賽亞。他在黑暗中，心口承認耶穌為主。天色如此之黑，他看不見祂，但他能感到耶穌就在他身邊。基督希望我們在黑暗和光明中認祂為主——無論是困境，還是順境。祂不以我們為恥，祂願擔當我們的罪，背負我們的痛苦，以至於死。

當一個顯赫的人去世時，我們常常急切地想知道，他死前的遺言和行為。神的兒子最後的作為是拯救了一個罪人。那是祂受死榮耀的一部分。祂在世上以拯救罪人開始祂的事工，以拯救這盜賊而結束。*勇士搶去的豈能奪回? 該擄掠的豈能解救嗎? 但耶和華如此說:「就是勇士所擄掠的，也*

可以奪回；強暴人所搶的，也可以解救。與你相爭的，我必與他相爭，我要拯救你的兒女。」（賽 49：24-25）耶穌把這被擄的盜賊，從死亡的口中解救出來。盜賊站在地獄的邊上，基督把他奪了回來。

毋庸置疑，撒旦對自己說：「我很快就會得到這盜賊的靈魂。他屬於我。這些年來，他一直是我的。」但就在他生命的最後一刻，淒慘的罪人向主呼喊，主折斷了束縛他靈魂的鎖鏈，使他釋放得自由。祂還賜他進天國的通行證。我可以想像，當那兵丁將長矛扎入救主的肋旁時，盜賊的腦海中閃過先知撒迦利亞的話：*那日，必給大衛家和耶路撒冷的居民開一個泉源，洗除罪惡與污穢*（亞 13：1）。

你可以從這個盜賊的悔改歸正中看到，救恩與行為是截然不同的，是兩碼事。有些人告訴我們，我們必須努力才能得救。信這話的人，對這個盜賊的得救，有何見解？當他被釘在十字架上時，他怎能行善事？他得救，是他接受並信了主的話。信是出自內心——而不是出於手腳。你若要得救，所需要的，就是全心相信。

這個盜賊做了一個很好的悔過歸正的見證。假如他是有五十年教齡的基督徒，他為基督作的見證，就不見得有如此大的影響力。他在世人面前公認耶穌為救主，兩千年來一直為人傳頌。路加把這一切都記錄下來。路加覺得，我們應當知道究竟發生了什麼事；因為，這對我們來說，是至關重要的。

救恩，跟所有的典章教儀不同，而且應當清楚地分開來。典章教儀固然是正確的，但許多人片面地認為，如果不受洗，無人能進入神的國度。我知道，有些人，因為小孩子沒有受洗就死去，深感困惑不安。我曾目睹他們抬著孩子們，穿街走巷去找牧師——因為牧師不能到家來行洗禮。

我不是在反對聖禮法典。洗禮本身是無可非議的，但是，當你將洗禮等同救恩時，你就在救恩之道上設置了一個網羅。你不能將人施洗就等同於進入神的國度。對於這個問題，基督在十字架上死之前所悅納的那強盜的悔改歸正，就當永久性地解決了。如果有人告訴我說，凡不受洗就不能進天國，我可以回答說：「這個盜賊沒有受洗。即使他想受洗，他也找不到任何人為他施洗。」

我認識一些人，他們有生病的親戚，行動不便，當無法讓牧師到家主持聖餐時，他們就很苦惱和困惑。我並不反對以聖餐來紀念主的死和祂的再來。求神鑑察！但聖餐不是獲得救恩所必需的。當我前來主的筵席之前，我也許會死去或失落，但是，如果我得著主，我就得救了。

感謝神，救恩總是在我觸手可及的範圍之內，我不必等待牧師來行聖禮。可以肯定，這個盜賊從來沒有參加過主的聖餐。在那座山上，難道會有人相信，這個盜賊他得救了？今天的教會，會接納他成為會員嗎？他不必等候這些。他祈求生命的那一刻，我們的救主就賜生命給他。

受洗是一回事，主餐是另一回事，依靠基督得救，則更是另一碼事。如果我們已經靠基督得救，讓我們藉著受洗認祂為主。讓我們參加祂的聖餐，作祂要求的任何其他事工；但我們不要讓受洗和聖餐成為絆腳石。

這就是我所說的瞬間轉變——呼求神的救贖並立刻得到它。除非你求它，除非你在祂賜給你的時候接受它，不然你肯定不會得到它。如果你想讓基督記念你，拯救你——那就立即呼求祂。

兩個陣營

基督的十字架，將全人類分為兩個陣營——要么是支持基督的，要么就是對抗祂的。看那兩個強盜；各自被釘在基督兩邊的十字架上，一個咒罵神被下到地獄，另一位則升天得榮耀。

即使是那得榮耀的強盜，在同一天內也是對比鮮明。清晨，他作為犯人被押解出去。傍晚，他從罪中得拯救。清晨，他謾罵詛咒；傍晚，他和天使們同唱哈利路亞。清晨，他被世人譴責，天誅地滅，不容在地上生存；傍晚，他有足夠資格進天國。早上，他被釘在十字架上；夜間，他在神的天國里，頭戴一頂永恆冠冕。早晨，無人向他投可憐的目光；傍晚，神羔羊的血洗淨了他，使他潔白如雪。早晨，他和盜賊和不法分子屬一丘之貉。夜間，基督和他手挽手，不以他為恥，行走在永恆之城的黃金大道上。

這強盜，是聖殿的幔子被裂為兩半後，第一個進入天國的人（參 路 23：44-45）。假如我們抬頭能瞥見寶座，就會看到，耶穌基督坐在天父的右邊，而在附近就是那個歸正的強盜。今天，他就在那裡。他已經在那裡兩千年了，只因他憑著信心呼喊：*主啊，你得國降臨的時候，求你記念我！*

耶穌死在強盜之前不久，可以想像，祂想快點回天家，為祂的新朋友預備一個地方，因為他是第一個被拯救的靈魂——祂以死來救贖的世界。主愛他，因為他在最黑暗的時刻認祂為主。對當時許多辱罵救主的人來說，確確實實，這是一個黑暗的時刻。你也許聽說過，那個不想死了後去天堂的孩子的故事，因為他不認識那裡的任何人。但盜賊在那里至少有一個熟人。我可以想像，他的靈魂激烈地跳動——當他看到兵丁把長矛刺入救主的肋下，並聽到救主的呼喊，*成了！*（約 19：30）

盜賊想緊跟著基督。當他們打斷他的腿時，他急於離開這世界。我可以想像主在呼喚：「加百列，準備一輛戰車。趕快。我的一個朋友正掛在那個十字架上。他們正打斷他的腿。他很快就會來了。快點把他帶到我這裡來。」戰車中的天使從天而降，帶著那個懺悔的盜賊的靈魂，飛快地帶進榮耀之中。天國的門大開，天使們高聲歡迎這個罪人，他被羔羊的血洗得潔白如雪。

我親愛的朋友們，這正是基督要為你們成就的。這就是祂從天上降到世上所要完成的基業。這就是祂死的原因。祂在十字架上賜給這個盜賊如此迅速的救恩，如果你能像懺悔的盜賊一樣悔改、認罪和信靠救主，祂必定賜給你同樣的救恩。

有人會說，此人是在最後一刻得救了。我並不贊同。這可能是他的第一時刻。他也許根本不知道基督，直到被帶出去釘在基督旁邊。很可能，這是他第一次有機會認識神的兒子。請問，你們中間，有多少人，在基督第一次問你的時候，就把你的心獻給了祂？難道，你今天不比那強盜失落得更遠嗎？

幾年前，在英格蘭的某個礦區，有位年輕人參加了我們的一次聚會。他一直呆在那裡，不願離開，直到他在救主那裡找到平安。第二天，他下到礦井裡，結果礦井塌了，他被壓在煤底下。當人們把他挖出來時，他已經是奄奄一息，僅剩下兩三分鐘的生命氣息。他的朋友們聚集在他周圍，看到他的嘴唇在動。彎腰接聽他的話，就听他喃喃地說：「幸好我昨晚歸正了。」

現在就徹底悔改歸正吧，我的朋友們，一步到位，一了百了。現在就認罪，祈求主記念你。你若接受救恩的禮物，祂將使你成為祂國度的子民。祂亦是那強盜的救主。難道，你仍舊不向祂呼求憐憫？

瀕死的強盜

十字架，——那掛在上面的一位，面對
蒼天大地。
殘酷的鐵釘緊固
顫抖的手腳，蒼白的臉
因痛苦而扭曲，低垂的腦袋
撐不住地垂下；然而，一次，
又一次，疲憊的眼睛抬起
尋找那蒼白的臉，那獨一無二的一位
釘在另一個十字架上。他耳不聞刺耳的喧叫
人群的譏笑嘲諷，
他眼不見那群殘忍目光因注視
那悲慘的惡景。他惟獨看到
十字架上的那張臉。哦，長長的仰望，
在那裡搜尋深邃可畏的東西
全然是神！
在他最初的痛苦
恐懼中他與喧囂的人一起
抵擋主，神羔羊，而祂獻身捨己
那一天僅為了我們。當他遇見那眼神
那雙安靜平和的眼睛，——他瞬間鎮住；蒼白
顫抖，心痛如絞，幾乎昏厥
只因見祂。

. . . .

最終

蒼白而喜樂的雙唇呼出顫抖的祈禱
「主啊, 求你記念我!」神之萬軍
帶著渴望天使的面孔, 低伏在
垂死的君王之上, 憤怒中
對呼聲驚訝萬分。在那萬軍中
無一人敢和祂說話
當那個可怕的災難時刻, 天地
都顫抖驚訝。然而, 瞧! 那聲音
一個敢對祂說話的人, 一個勇敢祈禱的人,
「主啊, 求你記念我!」一個有罪的人
卻哀哭地祈求基督,
哦, 當天使不敢說話, 罪人之友
從那垂死的嘴唇發出甜蜜
的應許。
哦, 那發自心底的喜樂
勝過他那垂死的臉龐
只因得到應許:「你必
今日, 今夜, 與我同在樂園。」

. . . .

哦, 基督, 君王!

我們在曠野之山徘徊,
掙扎在你的呼召中, 盼甜蜜的歸來

無論清早夜晚。我們拒絕尋求你
直到你把我們釘在痛苦的十字架上。
讓我們仰望你，降服在地
顫抖中淚水湧流呼求你，——
你在愛中俯視，不責備，
唯獨承諾王國！

. . . .

唯一的寶座

俯伏在寶座面前，充滿嶄新
說不出的喜樂。
　　　　　　　這是地上的夜晚，
黑影如露水般落在山上
在聖城周圍，但在蒼天之上，
越過天空的黑暗峽谷，越過
星星的微笑，他們再次相遇
在平安與榮耀中。天堂得到安慰，——
因那奇異的爭戰現已完成，
她的君王喜樂地歸來：那翹首之人
遙遠的早晨尚在昏暗監獄裡，
午間被掛在淒苦的十字架上，
正俯伏在祂腳前，品嚐那
甜蜜無比、無比甜蜜的無盡歡樂。[16]

16 原註：芭芭拉•麥克安德魯（Barbara MaCandrew），excerpts from "The Dying Thief," Ezekiel and Other Poems (London: T. Nelson and Sons, Paternoster Row, 1871), 165-176.

有關作者

德懷特•萊曼•慕迪（Dwight Lyman Moody）於一八三七年二月五日出生於美國麻州北田（Northfield）。慕迪才四歲，父親就去世了。留下他母親一人撫養九個孩子。慕迪十七歲那年，離家到波士頓謀生，成了一名推銷商。一年後，慕迪由他的主日學老師愛德華•金波（Edward Kimball）帶領，歸向耶穌基督。不久，慕迪離開波士頓，來到芝加哥。他在那裡開始自己教主日學。他二十三歲時，已經是一名很成功的鞋子推銷商，僅八個月就賺了五千美金，這在十九世紀中期是很大的一筆錢。然而，當他立志跟隨耶穌，他就放棄事業，投身於基督教事工。他當時的年薪僅三百美金。

慕迪不是被按立的牧師，但他是一位傑出的佈道家。亨利•瓦利（Henry Varley），一位英國的傳教士，曾告訴他，「慕迪，世界尚將試目以待神將如何使用一個完全奉獻給祂的人。」慕迪後來說，「靠神的幫助，我立志成為那個人。」

據估計，在他有生之年，沒有電視或廣播的幫助，慕迪旅行一百多萬英里，向一百多萬人佈道，並親自接觸過七十五萬多人。

慕迪死於一八九九年，十二月二十二日。

慕迪曾說過，「總有一天，你會在報紙上看到訃告，說北田東（East Northfield）的慕迪死了。你連一個字都不要信！那一刻，我比我現在更有活力。我會升得更高，就這樣—— 從這個老土墓，進入一座不朽的房子；有一個死亡無法觸及的身體，一個罪不能玷污的身體，一個像祂榮耀的軀體那樣被塑造的身體。一八三七年，我以肉體出生。一八五六年，我由聖靈而生。以肉體而生的將死去，由聖靈而生的將永遠活著。」

其他类似书籍

ANEKO
PRESS

天路,慕迪

在基督里有生命。丰盛、喜乐、美好的生命。的确，主会管教祂所爱的人，我们也常常受到世界和魔鬼的试探。但是，如果我们知道如何跨越这种诱惑，来亲近耶稣基督的十字架，将眼目定睛在我们的主身上，那么，我们在地上和天上的奖赏，将比这个世界所能给的要好上百倍。

这本书写得很透彻。它生动地描绘了神的爱，剖析未得救之人灵魂的状态，解析耶稣基督在十字架上，为了我们的罪，做了什么。《天路》切实地审视了我们悔改和跟随耶稣的需要，并将希望带给我们，即那在天堂里永恒、喜乐的生命。

免费下载

慈声呼唤,司布真

这是和你，读者，心贴心的对话。在这里检验并一个个地解决了每一个借口，理由，和对你来就近耶稣可能的障碍。如果你觉得你这个人很糟糕，或者你也许真的很糟糕而且你公开或隐秘地在罪中，你将发现，基督里的生命也是为你的。你可以拒绝得救因着信的信息，或者你可以选择在宣告了对基督的信仰之后却仍然过一个罪中的生活，但是你却不能为了你或为了他人来改变这个真理本身。因此，你和你的家庭应当来拥抱这个真理，占有它，并真正在今日也在永恒中得自由。来吧，接受这个神白白赐予的礼物，为了他而过一个得胜的生活。

免费下载

www.ingramcontent.com/pod-product-compliance
Lightning Source LLC
Chambersburg PA
CBHW070146080526
44586CB00015B/1863
* 9 7 8 1 6 2 2 4 5 9 1 6 2 *